海　　頌

── 林明理詩文集

林明理 著

文　學　叢　刊

文史哲出版社印行

國家圖書館出版品預行編目資料

海頌：**林明理詩文集** / 林明理著 -- 初版 --
臺北市：文史哲,民 102.06
　頁；　公分（文學叢刊；296）
ISBN 978-986-314-119-8（平裝）

851.486　　　　　　　　　　102010383

文　學　叢　刊　₂₉₆

海　頌

林明理詩文集

著　　者：林　　　明　　　理
出 版 者：文　史　哲　出　版　社
http://www.lapen.com.tw
e-mail：lapen@ms74.hinet.net
登記證字號：行政院新聞局版臺業字五三三七號
發 行 人：彭　　　　正　　　　雄
發 行 所：文　史　哲　出　版　社
印 刷 者：文　史　哲　出　版　社
臺北市羅斯福路一段七十二巷四號
郵政劃撥帳號：一六一八○一七五
電話 886-2-23511028・傳真 886-2-23965656

定價新臺幣三二○元

中華民國一○二年（2013）六月初版

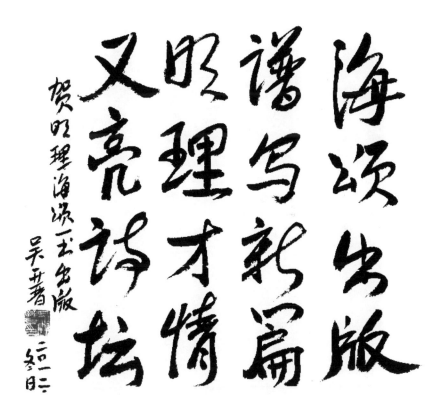

海頌出版

譜寫新篇

明理才情

又亮詩壇

賀明理海頌出色出版

吳開晉

山東大學文學院副院長吳開晉教授題贈賀詞

2013.5.13 江蘇省鹽城師範學院薛家寶校長、文學院院長
陳義海教授等 8 位來臺交流/攝於高雄愛河橋畔。）

作者獲薛校長贈予珍貴的髮繡丹頂鶴紀念物。

海　頌

── 林明理詩文集

目　　次

新 詩 篇

1.〈給司馬庫斯〉 ·· 14

2.〈在寂靜蔭綠的雪道中〉 ······················ 17

3.〈森林之歌〉 ·· 18

4.〈風滾草〉 ··· 19

5.〈冬日〉 ·· 20

6.〈思念的雨後〉 ·· 21

7.〈惦念〉 ·· 23

8.〈夜宿南灣〉 ·· 24

9.〈無言的讚美〉 ·· 25

10.〈啊，卡地布〉 ··· 26

11.〈又是雨幕的清晨〉 ····································· 28

12.〈問愛〉 ··30

13.〈歌飛霍山茶鄉〉 ···31

14.〈吉貝耍‧孝海祭〉 ·····································37

15.〈夏之吟〉 ··40

16.〈海頌〉 ···41

17.〈夕陽，驀地沉落了〉 ·····························42

18.〈魯花樹〉 ··43

19.〈在淺溪邊的茵綠角落裡〉 ·····················44

20.〈夜宿南灣〉 ··45

21.〈秋之楓〉 ··46

22.〈玉山，我的母親〉 ·····································47

23.〈憶夢〉 ···48

24.〈森林深處〉 ··50

25.〈追悼 ── 陳千武前輩〉 ························52

26.〈山居歲月〉 ··53

27.〈夏風吹起的夜晚〉 ·····································54

28.〈永懷鍾鼎文老師〉 ·····································55

29.〈默念〉 ···56

30.〈拂曉時刻〉 ··58

31.〈秋林〉 ···59

32.〈雨，落在愛河的多夜〉 ·····························61

33.〈沒有第二個拾荒乞討婦〉 ·····················63

34.〈當時間與地點都變了〉 ·····························65

35.〈一如白樺樹〉 ···66

36.〈悼〉 ···67

37.〈蘆花飛白的時候〉 ·····································69

38.〈挺進吧，海上的男兒〉 ················ 70

39.〈漁唱〉 ··· 71

40.〈停雲〉 ··· 72

41.〈馬櫻丹〉 ····································· 73

42.〈月橘〉 ··· 74

43.〈夜裡聽到礁脈〉 ························ 75

44.〈三月的微風〉 ···························· 76

45.〈秋城夜雨 —— 悼商禽〉 ·········· 77

46.〈昨夜下了一場雨〉 ···················· 78

47.〈回到過去〉 ································· 79

48.〈水鏡〉 ··· 81

49.〈夏至清晨〉 ································· 82

50.〈雨中的綠意〉 ···························· 83

51.〈穿越〉 ··· 85

52.〈冬的洗禮〉 ································· 86

53.〈在靜謐花香的路上〉 ················ 87

54.〈詠車城〉 ····································· 88

55.〈山韻〉 ··· 89

56.〈寄墾丁〉 ····································· 90

57.〈歌飛阿里山森林〉 ···················· 91

58.〈旗山老街的黃昏〉 ···················· 93

59.〈老街吟〉 ····································· 95

60.〈咏菊之鄉 —— 開封〉 ·············· 96

61.〈冬憶 —— 泰雅族祖靈祭〉 ········ 98

62.〈冬之雪〉 ····································· 100

63.〈我曾在漁人碼頭中競逐〉 ·········· 101

64.〈野地〉 …………………………………………… 102

65.〈白河：蓮鄉之歌〉 …………………………… 104

66.〈祖靈祭〉 ………………………………………… 106

67.〈墨菊〉 …………………………………………… 108

68.〈春芽〉 …………………………………………… 109

69.〈一個雨幕的清晨〉 …………………………… 110

70.〈夏日長風〉 ……………………………………… 112

71.〈江岸暮色〉 ……………………………………… 113

72.〈老街〉 …………………………………………… 114

73.〈夢土的小溪〉 ………………………………… 115

74.〈一方小草〉 ……………………………………… 116

75.〈霧裡的沙洲〉 ………………………………… 117

76.〈春天〉 …………………………………………… 118

77.〈黃昏雨〉 ………………………………………… 119

78.〈大貝湖畔〉 ……………………………………… 120

79.〈木棉花道〉 ……………………………………… 121

80.〈走在彎曲的小徑〉 …………………………… 122

81.〈驀然回首〉 ……………………………………… 123

82.〈岩川之夜〉 ……………………………………… 124

83.〈河階的霧晨〉 ………………………………… 125

84.〈一滴寒星〉 ……………………………………… 127

85.〈夢裡的山谷〉 ………………………………… 129

86.〈野渡〉 …………………………………………… 131

87.〈春深〉 …………………………………………… 132

88.〈在積雪最深的時候〉 ………………………… 134

89.〈原鄉 — 咏撫順〉 …………………………… 135

90.〈米仔麩〉 …………………………………………… 137

91.〈北國的白樺 —— 致北京大學謝冕教授〉 ……………… 138

92.〈追憶 —— 鐵道詩人 錦連〉 …………………………… 139

93.魯凱族「黑米祭」 ………………………………………… 141

散 文 篇

1.〈在我南灣的風景中〉 …………………………………… 143

2.〈神遊薩摩亞藍湖〉 ……………………………………… 148

3.卑南樂山的心影 ………………………………………… 151

4.越野單車散紀 …………………………………………… 153

5.山裡的慈光 ……………………………………………… 156

6.《髻鬃花》的邂逅 ………………………………………… 163

7.學佛之路 ………………………………………………… 166

8.〈康乃馨的祝福〉 ………………………………………… 168

文藝評論

1.由歐風到鄉愁 …………………………………………… 172

2.彭正雄：《歷代賢母事略》 ……………………………… 179

3.評吳鈞的《魯迅詩歌翻譯傳播研究》 …………………… 179

4.夜讀沈鵬詩 ……………………………………………… 186

5.試論夏順蔭的水墨畫風 ………………………………… 192

6.畫牛大家 —— 讀魯光《近墨者黑》 …………………… 195

7.夜讀斯聲的詩 …………………………………………… 201

附　錄

1.夢想作筆　妙筆生花 ·························· 葉繼宗教授········205

2.Author 詩人作家林明理作品目錄記錄〈2007-2013.5〉 ········208

後　記

後　記··220

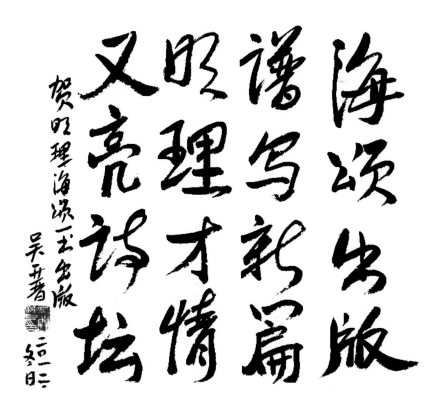

海頌出版
譜寫新篇
明理才情
又亮詩壇

賀明理海頌一書出版
吳開晉
短昭

山東大學文學院副院長吳開晉教授題贈賀詞

2013.5.13 江蘇省鹽城師範學院薛家寶校長、文學院院長
陳義海教授等 8 位來臺交流/攝於高雄愛河橋畔。)

作者獲薛校長贈予珍貴的髮繡丹頂鶴紀念物。

作者與中國文藝協會理事長綠蒂老師合影
（攝於 2013.5.2 記者會前）

作者與榮獲「榮譽文藝獎章·文學類」得獎人
陳若曦老師合影（攝於 2013.5.2 記者會前）

林明理 2013.5.4 獲第 54 屆中國文藝獎章「詩歌創作類」並頒獎於臺北三軍軍官俱樂部/前行政院文建會副主委　張植珊先生頒獎合照〈辛牧攝影〉

林明理獲第 54 屆中國文藝獎章「詩歌創作獎」證書

2013.5.4 與「榮譽文藝獎章‧美術類」得獎人 劉國松
教授合影 /〈辛牧攝影〉

2013.5.4 林明理〈詩歌〉與鄭煥生〈小說〉、林文義
〈散文〉三位得獎人於頒獎典禮會上合影

前行政院文建會副主委 張植珊先生・林明理・周
伯乃先生於 2013.5.4 頒獎後留影

2013.5.4 作者於頒獎會前與三位「榮譽文藝獎章」得主
林順賢老師〈音樂類〉、陳若曦老師、劉國松老師合影

荣誉证书

林明理　同志：

　　您的作品《康乃馨的祝福》在第二届"漂母杯"海峽兩岸母愛主題散文大賽中榮獲三等獎。特發此證，以資鼓勵。

二〇一三年五月十日

作者 2013.5.10 獲中國文藝協會暨江蘇省淮安市淮陰區人民政府舉辦第二屆"漂母杯"海峽兩岸母愛主題散文作品大賽獲第三名獎狀

荣誉证书

林明理　同志的《咏菊之乡—开封》在"中国·开封全国咏菊诗歌创作大赛"中荣获银奖。特发此证，以资纪念。

中国·开封全国咏菊诗歌创作大赛组委会

2012 年 12 月 18 日

作者 2013.5.10 獲散文比賽獎狀

新 詩 篇

1.〈給司馬庫斯〉

當紅柿和水蜜桃圓熟時
你和族民帶領著旅客
用纍纍的小米
綴滿屋前月光的篝火
讓香味流向花朵
讓濃濃鄉愁透進心中
讓曾經有過的風雨不再肆虐
讓讚美的詩歌一次一次
填滿祖靈的舊巢

啊，司馬庫斯
誰不經常看見你伴著柳杉
在上帝的園裡把你找到
在狩獵裏隨著深谷的風輕飄
有時，你倒臥在檜林
有時，你起舞在溪旁
像這秋日
隨意坐在田埂上
耐心地瞧那徐徐回家的老農

啊，司馬庫斯

這裡孩童不需日光燈、書包和空調

他們一臉好奇，祖靈哪裡去了？

每當鐘聲將歷史回流叩響

這時啊，天河下

萬蟲寂寂，叢飛的鳥群起呼哨

群山在風裡默默祈禱

而遲歸的旅人啊

為何你也在窗前眼熱心焦？

註：司馬庫斯（Smangus），是臺灣新竹縣尖石鄉的部落。在泰雅語指的是一種櫟，這種高山櫟普遍生長在現今司馬庫斯、新光、鎮西堡山區。馬里闊丸群部分的先祖到此定居時，第一眼所見盡是 Smangus 樹，便以此命名。其他地名延伸意即「櫟樹茂密，獵物豐厚、土壤肥沃之地！」但因位於雪山山脈主稜的山腰深處，面朝

塔克金溪溪谷，海拔約一千五百公尺，早期曾被稱為「黑色部落」；後因一九九一年司馬庫斯神木群被發現，遂成為當地觀光景點。

直至一九七九年，司馬庫斯才有電力供應，對外道路則到一九九五年才全部修築完成；在此之前，當地居民必須徒步穿越溪谷，約莫五小時才能到相隔一個山谷的新光部落，來取得日常所需的物資以及上學。也因為地域深僻，路蜿蜒顛簸，迄今仍保留不少泰雅族的傳統生活風貌。

目前，部落採以「合作共生，土地共有」的農場經營模式。據林務局資料，臺灣第二名及第三名的神木都位於司馬庫斯神木區，而這兩棵司馬庫斯的神木都屬於紅檜。

—— 2012.9.8 作

—— 刊登臺灣《人間福報》副刊 圖文於 2012.11.12

—— 臺灣《文學台灣》第 85 期，2013.01 春季號

2.〈在寂靜蔭綠的雪道中〉

在寂靜蔭綠的雪道中
風偷走了我的夢
它像小冠花對晶瑩的樹
把我心弦拋向雲層

這是怎樣的命運？無論
何處，都無法當成一首歌
在我褪去所有光輝的一刻
生命已無所求

啊……孤寂的十月
彷彿能看到你詩思篇篇
你是我懵懂歲月的樂聲
夜裡的海洋、聖壇的明燭

爾後，我將忘卻我的驕傲
在你轉身時綻出一絲焦灼
溶入花傘下
驟然聚凝的蒼穹

—— 2010.10.19
—— 臺灣《秋水》詩刊，第 152 期，2012.01 春季號，頁 52。

3. 〈森林之歌〉

森林檜木群
整夜在雪地裡
吟唱著一首老歌

花精靈編織祖傳的故事
穿過了永恆
如幻似真

群雀及松鼠聚集在
野葛，山櫻桃，小丘的腹部。
都準備好了嗎
── 接你們的馬車在這兒

而我輕輕地跳過柵欄
……輕輕地跳過
純屬玩笑的愛情皸裂之痛

── 2011.1.25

── 美國《新大陸》詩刊，第 128 期，2012.02，頁 5。

4.〈風滾草〉

在飄泊中
在大風裡
我看到一條寂寞的
河流
推醒流沙
穿過半折裂的樹
一叢風滾草
像朝聖者般
呼喊
聲音隱祕又低沉
閃光吐焰之處　不斷
傳來草原嗚啼的歌聲

—— 2010.5.28
—— 臺灣《海星》詩刊，第 3 期，2012.03

5.〈冬日〉

臘冬，白雨霏霏
我走出長巷，
風，藏在桉樹林裡
神祕而狂莽
黑色枝椏上的新葉
正注視著我
像個奇幻的修士。
我偷眼望去，才片刻
已不見雨痕；
而熟悉的咖啡店前
昏黃的燈光似寂寞的小孩。

—— 2011.9.19
—— 刊美國《新大陸》詩刊，第 133 期，2012.12
—— 刊臺灣《新地文學》季刊，第 22 期，2012.12

6.〈思念的雨後〉

我
是一塊擠滿海鳥的礁岩
多渴望
看到鳥踏石仔村的雲天
如今遠眺東堤的白燈塔
已被翻頹在炸藥下隔絕了一切

那唯一的愛人啊
已過了這麼多年頭的變遷
我抑制無用的激情和悲哀的潮水
只想再看一次噶瑪蘭〈Kavalan〉失落的前院
想那昔日捕飛魚的人兒
是否已忘了我？任我孤單
想那歌舞喧嘩，田田心事
我就知道今年來得並不太遲
在冰冷的海岸邊
那祖靈也個個望盡深處
即便如此，我仍不由自主地來到你跟前

別說

再沒有那最神聖的痛苦焚胸或連星兒也

不敢淚漣

如今，雨聲過後，山雀依然入林

月光盤踞不走

而你是否靜靜睡著，不再長嘆？

註：花蓮港所在地以前的地名是「鳥踏石仔村」，村裡有一塊大礁石，在花蓮
　　築港以前，礁石上常有海鳥群集。白燈塔建於 1939 年，古樸的白色水泥圓
　　柱造型。因為第四期拓港工程展開，白燈塔於 1980 年 6 月已不復見。

—— 2011.10.30

—— 臺灣《笠》詩刊，第 289 期，2012.06.15

7. 〈惦念〉

整個冬天
雪從沙路上喞起了
啼聲
春天
你是霧中羊
把我的回憶
搖成咽啞的頸鈴

遠方
綿綿山巒
拉曳出點點星辰
有棵樹仍挺立
慢慢
消融了我瘦骨的影

—— 2011.1.23
—— 臺灣《海星》詩刊，第 3 期，2012.03 春季號

8.〈夜宿南灣〉

哦我從細雨中
企圖在窗內漫過自己
發愣的腳步　　總是輕的

那隨時可以發光的海
在睡夢裡
一條老街連接無盡
月也不動
索隱著我的暗語

我低垂著：
早已習慣在風中敘事
破霧而飛

請來點兒音樂
讓我不再想著那個望海的老人
就從這蕩漾開始吧
直唱到黎明
在枝葉間
炫目的一瞥

　　── 2011.6.22
　　──臺灣《笠》詩刊，第 287 期，2012.02，頁 148。

9.〈無言的讚美〉

我和西天
追趕不上的雲朵
踏上這一片夢土

薩摩亞的藍湖初醒
雄奇而神秘
撲眼而來

山是以沉默　露出
蘋果也似的
笑容

—— 2011.6.23 作
—— 臺灣《笠》詩刊，第 287 期，2012.02，頁 150。

10.〈啊，卡地布〉

要是說
巴拉冠〈註〉有一個金色的夜晚
那定是從勇士舞遊街
　　發出來祖靈的呼喚
那定是熊熊篝火
　　永不熄滅的愛的吶喊

它豎立起精神圖騰
每當小米收穫後
　　彩色的樂音
　　高揚而靈活
彩蝶般翩翩
燃燒著團聚的希望

啊卡地布，夏樹的陽光
伴隨著
　　那個靦腆笑容的小孩
　　身影凝聚成大鵬
無限地伸向天空
　　在福爾摩莎小島上

註：臺東知本原名「卡地布」，卑南族語意「在一起」或「團結」。巴拉冠在
　　臺東線知本卑南族青年會所。

　　　　　　　　—— 2011.7.18
　　　　　　　　—— 高雄市《新文壇》季刊，2012.04 夏季號

11.〈又是雨幕的清晨〉

我無法忘懷那凋萎之夜，
我無法召回潺潺的泉水，
我無法聽到那風笛
在廣場裡呼喚繾綣的聲音。

那遍插的茱萸永少一人，
你無法讓他重生。
愁雨裡的孤燈又怎能
抵得住我綿綿的思情？
年年的花祭已隨風而逝，
時間又擱淺在無言的桌前，
仲夏的驚雨喚不醒你的沉睡，
莫非你已不再理會躊躇的明天？

那風笛已經離開很遠，
遙遠天邊有星子徘徊，
徘徊在星空的天使的樂音，
也已充滿了溫柔與慈悲。

昔日在寒夢中重返的尊嚴，

已站在希望之花擎起的蒼穹，
心中只剩下不熄的意念，
呵六月，逝去的你永不復歸。

—— 追悼「1989 天安門事件」
—— 2011.06
—— 臺灣《乾坤》詩刊，第 62 期，2012.04

12. 〈問愛〉

在深不可測的眼神裡
我無法判斷
哪些是真實哪些是謊言

籃子裡的貓，瞇著眼
打了個呵欠
回答了所有的問題

牠懶洋洋地蹲伏於窗口
知道我無法逃遁

最後牠輕輕踱向我
彷彿愛情根本不存在過
除了這晦暗的雨中寧靜

── 2011.1.16
── 臺灣《乾坤》詩刊，第 62 期，2012.04

13.〈歌飛霍山茶鄉〉

一、

三月西山穀雨後
古林寺前
群雀及松鼠聚集在
瓊花、芍藥、雨花臺的周邊
但我卻輕輕地
想起你
彷彿還在金竹坪上山坡
風兒帶著你的溫暖
帶著你的愛
再將茶香
斟滿我幸福的心房

看哪，那桃源雲兒撩撥著
三千歲月
將霍山老農
以熟板栗香
迭掛著一畦畦嫩勻的綠與
閃光的汗

南鄉之霧已在我腳下了
忽有清明的炒茶聲催促我
從初烘到足火
踩筒的動作
一如春風吹開花萬朵

金陽下，佛子嶺水庫上的天真
像是幻覺
整片茶林
磅礴的綠
漂浮在欸乃間
一種聲音
猶如棕雀，在斜暉脈脈時
響起 ——
霍山黃何以如此美麗
我信步在霧林裡
那拖曳的星辰也不時柔聲絮語

聽哪，烏米尖及挂龍尖山
那一片不變的茶園
在朦朧的月色中
聆聽星的驛站
輾轉傳來
你欣逢的回響
春風太早，藏在我的衣袖
你的身影悄悄浮現

前方有窗櫺在叮叮地響
響起的名字也仍舊是大別山北麓的
樹與群星齊舞的足音

彷彿中
我聽見了老山泉在金雞山東轉
一隻歸雁在煙波細雨裡
急急緩緩　往重岩疊嶂行
那太陽河、漫水河和石羊河仍悠悠地流
牢繫著古城的倒影
每當我思念時即為兩岸的分隔而愁悵
啊，這才想起
那黃山毛峰、六安瓜片、太平猴魁還有
祁門紅茶和霍山黃芽〈註〉
原停泊在離我不遠的路徑上

　　二、

在大別山上
點點白鷺，振翅了
在茶畝
旋舞如縷煙
那諸佛庵鎮金家灣
眾山動容
在靜謐花香的萬佛湖
壽縣古城和天堂寨上
它們慢條斯理地望我

霎時間，夢中的翅膀也飛入八公山
停泊在楚文化博物館

看哪，那灼灼星光在彼岸閃爍
近在咫尺的你
以沉定的力量
坐臥於六安市的夜晚
我在霧中等待
等待朝陽依然徐徐爬上金山頭
那些專家和廠商齊力把一度失傳的茶技
從重新開始研製到恢復生產
以忠實，以熟板栗香
讓霍山黃芽站上世界舞台
讓古代的貢茶成了奧運之光

到如今
我不知道
這南鄉之霧
是否還是盪氣迴腸
一壺老茶，沏著舊時光
我不知道
那記憶的河水　是否還是靜靜流淌
今夜舊街巷，光芒或淡黯
我不知道
那夢裡的茶鄉　是否還是舉杯邀月
對影共桂香

一枝綠柳
銜來一個春天
把難以揣測的大地吻醒
每當我徜徉在群山
像葉脈裡的蟬
那紅日親四吻田水
茶歌再起的時候
且讓群雀啣接飄泊
讓思想再度飛旋著
啊，歌飛
茶鄉 ——

啊，我們謳歌
我們啜飲綠野
那香氣鮮爽
全憑葉低黃亮，味雅回甘
雲不曾改變其顏色
我的思念也未曾停歇
在山居月下
與夜一起奔跑的季節裡
在蟲鳥唧唧鳴鳴的陽光裡
啊，那霍山勞動人民的笑靨
是如此淨潔，如此真切，叫人難忘

註：《史記》記載：壽春之山有黃芽焉，可煮而飲，久服得仙。六霍舊壽春故
　　也。一曰仙芽，又稱壽州霍山黃芽。唐楊曄《膳夫經手金錄》載："有壽州
　　霍山小團，此可能仿造小片龍芽作爲貢品，其數甚微，古稱霍山黃，芽乃
　　取一旗一槍，古人描述其狀如甲片，葉軟如蟬翼，是未經壓制之散茶也。

　　　　　　　　—— 2012.1.4 作
　　　　　　　　—— 獲安徽省六安市宣傳部主辦「霍山黃茶」杯全國原創
　　　　　　　　　　詩歌大賽組委會「榮譽獎」榮譽證書於 2012.4.21。

14.〈吉貝耍‧孝海祭〉

每年農曆九月初五
牽曲後，在風中
我們沿著農路
佇立在黃昏盡頭
時間悄悄地過去
草蟲嗚嗚
黑夜之手正縫補著歷史的傷口

但是這夜祭的時刻，是什麼讓你煩憂著
什麼在給那苦難的地土吹奏？
也許
每當澤蘭放進祀壺而木棉開滿部落
我們又回到西拉雅〈Siraya〉
看陽光逐漸黯淡
看族民如何努力生活
畫出了東河村一片富足
看這雨後的寧靜
把耆老的夢拋向更遠的夜的懷抱……

遠遠地

　　我聽見了古老的叮嚀

　　那發自周遭的合鳴

　　使我不再感到淒苦

　　啊……吉貝耍

　　── 這名字

　　也從未消失過

註：吉貝耍孝海祭是台南縣東山鄉東河村吉貝耍平埔族的重要祭典。關於「孝
　　海祭」的由來，根據當地耆老的說法，其一，是因有許多先民渡海來台時
　　死於海上，所以，每年在大公廨附近的農田，面向西南方大海的方向，遙
　　拜祖靈，以示不忘祖。其二，為當初祖先渡海來台，曾受當地一位漁民「阿
　　海」接濟，引導祖先從倒風內海到蕭壠登陸。之後，阿海在某年的農曆九
　　月初五於魚塭遭雷殛身亡，蕭壠社民感念其恩情，族人搬遷至吉貝耍後，
　　因感懷海祖恩澤，特地在海祖仙逝日，面向大海方向祭拜他，遂而發展出
　　「孝海」祭典。「孝海祭」於農曆九月初五下午兩點左右舉行，吉貝耍人
　　陸續擔著飯菜到大公廨西南方農路上，排列在農路兩旁，以祭品來答謝祖
　　靈。祭司到祭壇前「三向」（西拉雅語，祭拜的儀式名詞），三向畢，祭
　　司拿起尪祖拐、澤蘭葉（西拉雅祭司法器）口含米酒噴向空中，請祖靈、
　　海祖來看「海戲」，並且接受子民們的祭品。這時「牽曲」婦女以西拉雅
　　母語吟唱，也圍繞著祭壇祀壺，以表達對祖靈眷顧之恩。在助理祭司的指
　　示下，族人將甘蔗葉插入酒瓶中，不久祭司就代表祖靈一一巡視村人擺設
　　的祭品飯菜。祖靈若歡喜點收子民心意，祭司則下令由助手逐一把插在祭
　　品酒瓶上的蔗葉拔去，「戳酒洞」畢，表示祭典即將告一段落，祭司回到
　　祭壇以剖半檳榔為擲筊，請示祖靈，「聖栖」後，牽曲才可停止；族人收
　　拾飯菜後，「孝海祭」就畫上句點。

　　　　　　　　　── 2012.5.19 作
　　　　　　　　　── 原載臺灣《文學臺灣》季刊，第 83 期，
　　　　　　　　　　 2012.07 秋季號。
　　　　　　　　　── 轉載真理大學臺灣文學資料館《臺灣文學評論》，
　　　　　　　　　　 第 12 卷第 3 期，2012.07.15。

林明理蠟筆水彩畫作 —— 刊登真理大學臺灣文學資料館
《臺灣文學評論》，第 12 卷第 3 期，2012.07.15。

15.〈夏之吟〉

客自光影中來，可曾見某個驛站
有海濤回音，唯抒出了
這一季沉思中的
牧笛歡響 ──
好似一瞬間
天空失去了體重
被空氣托舉著
啊灼人的夜，青禾的吻落在小羊兒夢上

── 2011.12.16
── 臺灣《海星》詩刊，第 5 期，2012.09 秋季號

16.〈海頌〉

穿過雲霧
我看見佛光在金頂
在高樓、在海面
每遇
七零八碎的破瓶兒
便把自己螺貝的耳殼
高懸半空
傾聽聲聲嗚咽

—— 2011.12.23
—— 臺灣《海星》詩刊，第 5 期，2012.09 秋季號

17.〈夕陽，驀地沉落了〉

夕陽，驀地沉落了
在魚鱗瓦上
在老曆的茶園旁
一片灰雲
躲入我衫袖

時常跟著我
一步步奔躍向前的
小河
加快了步子
臨近新丘

作者繪圖 ── 夕陽，驀地沉落了

就這樣
從河而來
翻飛的記憶
恰似風鈴花開
雖然披紅那堪早落

── 2012.5.10 作
── 臺灣《人間福報》副刊刊登圖文，2012.06.05

18.〈魯花樹〉

這裡是冬天
巷內的魯花樹下
　一尊木刻神像
展顏於金晃晃的葉縫間
那闇影，多麼安靜，使我入睡

鮮麗的漿果
　由綠　而黃　而紅
織就了無數個童年
　而我視線之下
從未感到如此純淨

每當風神前來糾纏
　枝上歌雀齊集鳴飛
它便伸長脖頸
將往來的面孔、昆蟲或遠自
祖靈的呼喚，都一一收藏

註：魯花樹據說是花東地區原住民語的音譯，原住民取其樹幹爲搗小米用的杵，
　　排灣族以其根莖做黑褐色的染料。

── 2011.8.21 作
── 香港《橄欖葉》詩報，第 3 期，2012.06

19.〈在淺溪邊的茵綠角落裡〉

我心隱痛，如清溪
細細諦聽無花果樹的剝落。
即使沒有綿羊牧童，偶爾
飛花鳴蜑，直到不自覺地沉湛其中。

到底生命的源頭，是否
來自無窮的底洞？
那迴盪於芳草間的歌雀
是否也曾飛躍千重？

噢，親愛的，那星子的深婉
如你沈鬱而焦慮的瞳孔
似乎召喚我，就像這冷杉
端立於恆常的夜空。

　　── 2010.5.30
　　── 美國《新大陸》詩刊，第 130 期，2012.06

20.〈夜宿南灣〉

哦我從密雨中
傾聽著，白窗外的椰林：
夜如同貓眼般
如此沉寂，如此神秘，如此吞吸著
我那過度焦慮的折磨
儘管如此
黎明仍偎在山梁
而沙灘的足音
即將消逝
在汪海裡
在太空裡
在許我太多的幸福的
暮色

—〈2011.02.25 夜宿墾丁有感〉
— 2011.3.1 作
— 美國《新大陸》詩刊，第 130 期，2012.06

21.〈秋之楓〉

入夜
深谷裡
一棵棵楓忍住呻吟
那伸長的手臂
像雨中飛燕
拍搏著眼中長出的愁緒

── 2011.12.18
── 臺灣《乾坤》詩刊，第 63 期，2012.07

22.〈玉山，我的母親〉

我沿著僻靜的石子路漫走
與你進行零距離親暱
即使大地沉睡如嬰
心中的力量讓我奮勇邁往 ──
一切妄念拋下
啊，金色的原野，坦露的胸膛
似母親溫柔深過海洋
多想將你緊貼我心，恆久激蕩

── 2011.12.12
── 臺灣《乾坤》詩刊，第 63 期，2012.07 秋季號

23.〈憶夢〉

哪裡去尋找
一種聲音
像枝葉間接力的蟬
在廣場前
新穀還有漸次消失的
田，老農撩起褲管
種菜插秧

啊小小的火窗
燃燒著希望
在溝岸旁
抓魚、游泳、釣蛙
油菜花和小雲雀嬉遊
街燈黯淡而溫暖

現在我知道
無論什麼季節
有一種聲音
像隻蟹，眼裡還沾著細沙
就迫不及待往岸上爬

它牽引著我，在清蔭的夜晚

註：火窗又稱迷你烘爐〈火爐〉，在寒冬給老人家取暖用的。

—— 2012.5.15 作
—— 臺灣 真理大學《臺灣文學評論》，
　　第 12 卷第 3 期，2012.7.15
—— 轉載香港《橄欖葉》詩報，
　　第 4 期第 4 版，2012.12

24.〈森林深處〉

熱霧過後
老戰士依然跋涉回來
空氣中，有巴魯果氣味
一棵小肉桂樹
留下了抓痕
這定是懶熊的傑作
幾位族人都這麼說
而祖靈們也正默默思索
彷彿花豹俯瞰著自己領土
看到的是動物越來越少的死寂或
憂慮這僅存的部落

這乾旱的尖峰期
樹林卻開花了
蝴蝶離開了水窪，翩翩的薄翼閃爍晶亮
多麼輕靈，充滿夢幻
整個林子像彩虹般
它標誌，一個哲人的形象
就在今夜
為了土地變得繽紛而在那裏咿呀作響

為了月夜慢慢地織好了羅網
讓拂不掉的痛苦記憶
讓餵奶的母親 —— 甦醒的大地
用呼吸，從我這兒帶走莫名的憂傷

昇起吧，醺醉的太陽

—— 2012.5.12
—— 臺灣 真理大學《臺灣文學評論》，
　　第 12 卷第 3 期，2012.7.15

25.〈追悼 —— 陳千武前輩〉

我願是隻灰喜鵲，如果你是流浪的鞋
或許，就能聽見花瓣旋轉入林
雨滴落在碑前
昆蟲低鳴猶響

我願是隻大藍鯨，如果你是海上的月
或許，在黑夜裡，在斑斕間
迎著微風如游如飛
每當你低著頭像慈眉老人一樣審視我

—— 2012.6.27
—— 臺灣《笠》詩刊，第 290 期，2012.08

26.〈山居歲月〉

一聲磬中洗騷魂，
　　幾點霧雨迢曉月；
杏林徑裡有孤竹，
　　晚課聲中看鳥飛。

—— 2011.12.20
—— 美國《新大陸》詩刊，第 131 期，2012.08

27.〈夏風吹起的夜晚〉

我辭別了我故鄉的小窗
離開了我心愛的土壤。
當年禾田像新煤般
泛滿老父的顧盼。

火車似一隻灰黑的蟬
伏在靜寂的月台上。
又如一隻溫馴的小山羊 ──
偎依著溫暖的土壤。

何時歸來啊，已無法想像，
田野反復地跟著星辰運轉，
門前小溪一路歌唱，
窗外擴散的世界一片天藍。

呵再會吧，再會吧，故鄉的夜晚
也許，我底愛赤裸而坦蕩
偶爾有躍出來迷朦來路的月
它的容顏將再觸及我不眠的憂傷。

── 20112.12
── 美國《新大陸》詩刊，第 131 期，2012.08

28.〈永懷鍾鼎文老師〉

如松影般縹紗
你的靈魂
立在深澗上
健步登天庭
雖說草聲默默
虹彩寂寂
而你溫文的眼神
如雨露，如晨星
迎接無限的陽光
從未止盡

攝影於 2009.6.19 王璞新書發表會
—— 臺灣「國家圖書館」

—— 2012.8.17 同悼〈鍾老師 2012.8.12 逝世於
　　臺北榮民醫院，享年百歲〉
—— 臺灣《人間福報》副刊刊登圖文，2012.9.4

29. 〈默念〉

當你返身瞬間 ——
再沒有什麼可憔悴
即使
僅存在夢裡的
一絲威儀
恰如寒雁疾飛
再沒有邅徙之距

如果能夠 ——
就這樣,像那飛鷹
有鐵般靈魂
縱然
在黑暗的廣漠中
再沒有為理想而痛苦的憂愁

啊誰能找到被風帶走的
你的聲音
那顫著雪的夜呵
如果你側耳聽
它交織著我萬古常新的

目光
生怕再次打開愛的黎明

　　　　—— 2012.4.28 作
　　　　—— 刊臺灣《海星》詩刊，第 6 期，2012.12 冬季號

30.〈拂曉時刻〉

我們遇到迷霧
雖說還是冬季
湖塘微吐水氣
睫毛上也沾著露珠

細談中
一隻鷺在鏡頭前踟躕
這濕地森林
悄然褪色
萬物彷彿都在睡中

哪裡是野生天堂
如何飛離憂悒的白晝
我們啞然以對
只有小河隨心所願貌似輕鬆

── 2012.5.11
── 刊臺灣《海星》詩刊，第 6 期，2012.12 冬季號

31.〈秋林〉

再一次，漫步秋林，
我拾得一小隊的雁；
何曾擁有這般的感覺
—— 淒美
—— 縈迴
而充滿深邃！

那白草的光，穿過幽徑，
引我從容看待一切；
一如曠野輕輕踱步的雲，
再次向你親近；
即使靈魂突然從游離裡，
俯衝向無人的溪地。

或像雪在沙路上
唧起了竹聲；
而你是低翔的歌雀，
把我僅存的記憶，
變成叼起的星辰，
與模糊的地平線相會。

再一次，漫步秋林，
我感到樹林在等待，
音樂在四周浮動；
如果我緊緊抓住了你，而
那悅耳的風仍在夢裡飄泊
又怎能告訴我，村裡的小河已然不同？

── 2011.9.14
── 刊登臺灣《秋水》詩刊，第 155 期，2012.10

32.〈雨，落在愛河的冬夜〉

雨，落在愛河的冬夜
數艘白色小船上
在這多雨的港都，彩燈覆蔭下
獨自發送著溫顏

剎時，母親之河
廣大而平實
在那兒牽著勞動者的手
像從前，端視著我

啊，雨，落在愛河的冬夜
一隻夜鷺低微地呻吟
在這昏黃的岸畔，群山靜聆中
何處安置我僅存的夢？

哭吧，我以感動之淚
接受雨，和恩典
聽吧，時間的小馬上
我是永恆的騎士，覓尋黎明的歌者

是的，收起遊蕩的翅膀
那生命的薔薇早已關上了門
不再憂鬱地望著我，只有躲在冷黑中的風
任遊子潤濕了瞳孔

── 2012.7.25 作
── 刊臺灣《創世紀》詩雜誌，2012.12 冬季號，
　　第 173 期。

33.〈沒有第二個拾荒乞討婦〉

沒有第二個拾荒乞討婦
像她養 12 個棄嬰
過得如此辛苦，當年因無生育力
被夫家趕出門只能睡在豬圈裡
或者
漫山遍野的瘋跑準備結束脆弱的靈魂之際
如果不是村民救起
如果不是純真的幼兒給予生存的勇氣
太陽啊，你是否也毫不在意
是什麼樣的愛使這苦命女平靜下來，而她的雙手
由於要飯哺育而變得如此蒼白
而她把吃剩的地瓜絲和洋蘿蔔曬乾收好
時時提醒自己以免生病不時之需
啊，她肯定是上帝不慎遺忘的孤女
她站在那兒，瘦弱而貧疾
世界啊，快來丈量她的軀體
難道這樣的故事還不夠
讓我們一起去想想
等在社會邊緣的那些身影
難道天使之窗吝於拉開帷幕

直到那冷漠之啄敲開
夜幕從我流轉的眼神中逃離
她是否獲得了她的救贖，她的驚喜

　　—— 閱 2011.9.23 中國新聞網中新網一則新聞「六旬
　　老太 19 年來收養 12 個棄嬰，靠乞討拾荒度日，
　　但只養活了 4 個。她手上牽著大妹，背上背著
　　二妹，筐裏挑著三妹和小妹，每天走街串巷地
　　乞討，便是黃老太給村裏人的印象。21 歲時，
　　因無法生育，她被夫家趕出家門，連娘家也不
　　願意接納她。她終日渾渾噩噩地過著，一直到
　　撿破爛時收養了棄嬰，她才有了努力活下去的
　　希望。他們一家日子雖苦，但其樂融融。」，
　　有感而作。
　　—— 2012.3.6
　　—— 臺灣《人間福報》副刊圖文，2012.10.01

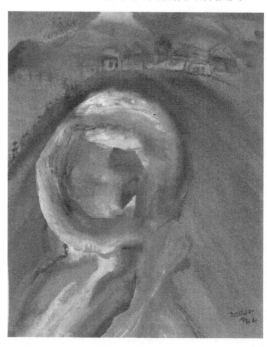

34.〈當時間與地點都變了〉

誰在我山花牆下
用盡全身的每一個毛孔
在呼喚我？在那低密而
濃蔭的樹林中，是誰來回地走動

他用凝眸在我露臺上刻了一道痕
在潮濕的小徑上
用焦慮的雙手
呵著氣，突然攤一攤手離去
讓我匍伏的靈魂更接近天空

我百思不得其解，猜不出
那無言的字語
如今，一切都還是那樣熟悉
我看到的世界依然閃動
而你在窗外，猶如在另一個世界裡

一個古老的小屋內有一盞燈
屋外響著一個不眠的步履聲
一顆星在深秋的夜空流浪

—— 2010.12.25
—— 原載美國《新大陸》詩刊，第 123 期，2011.04
—— 轉載高雄市《新文壇》季刊，第 29 期，2012.10

35.〈一如白樺樹〉

青霧在白樺林中逃離
白樺在青霧中搖曳
小山嶺上金色花草燦然
展開在黃昏的小徑上

呵，沒有人看到我心中的懸掛
但那是它 ──
似一株嬌澀的珊瑚藤
依然逗留不去

從亙古到永遠
從怦然心動到無間距
總有一天我會放開
那個緊抓著泥土不放的身軀

── 2010.12.23
── 刊臺灣《海星》詩刊，第 7 期，2013.03 春季號

36.〈悼〉

又是八月了
雨在每一個腳印裡
都刻下一份記憶

兒啊，你到哪兒了
整整一年
難道再也聽不見祖靈的呼鳴
這歌聲曾是你熟悉的 ──
又為何遲遲不回應

只有風中抖動的白花
徐緩地
迎向我……
忽而綴成雲
忽而綴成你

又是八月了
雨啊，別再徘徊不前了
去吧，別再緊緊地緊緊地圈住我 ──

安息吧，

小林村的師生。

── 悼小林村「八八水災」週年忌日

── 2011.7.20 作

── 刊美國《新大陸》詩刊，第 132 期，2012.10

37.〈蘆花飛白的時候〉

夜幕從我流轉的眼神中逃離
我的心鋪滿憂鬱
為著我曾擁有唯一的真實
為著翱翔於星宿之間
為著許多編織的舊夢

哦，蕾貝卡，我親愛的朋友
你為什麼哭了
我可以無視我的孤獨
但無法阻止風躍回每一熟悉的名字或
注滿於流水、山丘中

世界啊，快來丈量我的軀體
為何變得如此輕靈而猶疑
每當
在清秋，萬頃原野
蘆花飛白的時候……

—— 011.9.18
—— 刊美國《新大陸》詩刊，第 132 期，2012.10

38.〈挺進吧，海上的男兒〉

去吧！海上的男兒
我們在你身後
看著你們無畏
波浪顛簸
無畏艦艇的驅逐
絕不在海中化作波臣
讓我感動

挺進吧！海上的男兒
白鷗為你靜默
暴風不再跟著號啕
那釣魚台的風波依然盪漾 ──
啊，侵略者的劣徑
令我憂傷！
收復迢迢！

註：為 2012.9.25 臺灣出動史上最大的一次保釣漁船護主權行動，台日艦艇曾水
　　柱對峙，有感而作。

── 2012.9.25 作
── 刊登臺灣《人間福報》副刊 2012.10.15 圖文

39.〈漁唱〉

那片金黃中有嫋嫋的歌聲。
浪似白梅有風提燈而過……
小小的島攜著不可分割的斜灣
直到彼岸，那樣地琮綠，與柔和
透射著溫情的目光 ——
而守夜的我面對
黑沉沉的星空，
像幸福的歸帆，鐘聲一樣激盪……

—— 2009.12.9
—— 刊高雄市《新文壇》季刊，第18期，2010.4.1

40.〈停雲〉

日光大道的綠
還輕吻著昨夜微雨。風
徐徐地穿過十一月堂階
看喲，這停雲。
我欣見院牆的角落裏
吟湧的辭章升向天際……

我羞澀，為了我笨拙而呆板
縱使妳
緊跟著我，在山巔，在海上
在拂曉中消失不見。
但我的伊蓮娜
這是怎樣熾烈的靈魂
搖撼了我滿被荊棘的憂傷？

哦，我聽見聲聲
木鼓來自南方，那是歌 ──
牽著我
像個母親，溫煦的目光輕輕的感歎
但願明天那伴隨在星海的淚
已經欣然在草露上徜徉。

── 2009.11.20
── 刊高雄市《新文壇》季刊，第 19 期，2010.07

41.〈馬櫻丹〉

妳悄悄地來了
永不疲憊地
孤立一方

大地繫不住妳
遍佈的跫音
縱使踟躕於春夏秋寒

啊，那定是妳的
投影，也許是我
是我夢裡的馬櫻丹
正望著逐漸消失的亮點
恍然　霧沒

註：馬櫻丹在台灣幾乎整年都能看到開花，可以說是個不知道疲倦的植物。因
　　枝葉含有特別的刺激氣味，所以馬櫻丹也有臭草、臭金鳳等別名。

—— 2009.11.1 作
—— 刊臺灣《乾坤》詩刊,2010.07 秋季號

42.〈月橘〉

九月，
山城的小雨
輕叩眠睡中的我
我知道黎明的使者，欣喜於
我保有的自由。

可是
雲雀呵，
你為何默默不語？
為何不坦然向我？

我可把你生命的每一天
書寫在星空中，
為你每個開花的季節
都注滿了我的溫柔……

註：月橘，又稱七里香，是一種熱帶常青植物，帶有清香的白色小花。

── 2009.11.10 作
── 刊臺灣《乾坤》詩刊，2010.07 秋季號

43.〈夜裡聽到礁脈〉

那一定源自海的髮梢 ──
飄遊著,
白的夜,比它更稠密的水
顫顫地在冰天裡迴旋

湖面是一岬山影相疊,
映著斑嘴環企鵝的儀隊
在甜眠,一隻白鯊縱情
遊弋於未經探險的深礁;

我不禁循著灣邊和老樹叢
諦聽著,
這模糊中的藍灰的綠
瞧,星星也已連動;

而各處的風,滿地的葉
彷彿一起呼號
只有人類錯誤的迷失,不驚不響,
我的追尋、執著與愛的力量;

緊跟著風
── 許會在未來,端視海洋!

── 2009.10.30
── 刊美國《新大陸》詩刊,第 119 期,2010.08

44.〈三月的微風〉

我在小石山邊徘徊，
柿子樹攀著孤帆，
河溪雀躍向前如一簇綠光的蝴蝶。
我把一切輕浮拋入長空，
冬天的<u>莎車</u>歎息著
而晚鐘頻問三月雪。

註：莎車位今新疆維吾爾自治區<u>塔里木盆地</u>西緣。

—— 2010.2.28 作
—— 刊登遼寧省《凌雲詩刊》，2010 年，第 3 期

45.〈秋城夜雨 —— 悼商禽〉

當秋雨歇在
港都夜的荒漠前
白芒花開滿山溪
行吟的雲也被擱淺
你
似一束虹光　衝向
宇宙深處
托起墜落的星辰

天使的歌音因而更嘹響

　　　　　—— 2010.9.13
　　　　　—— 刊高雄市《新文壇》季刊，第 21 期，
　　　　　　　2011.01 春季號

46.〈昨夜下了一場雨〉

你坐在開滿艾菊的岸邊
孤伶伶地佇候
也許你未曾注意
在你焦慮的目光裡，我已悄悄成長
當春天來臨
我就是那朵隱藏在飛燕草款冬裡的花
聽你神秘的詩思
在我耳畔輕聲細語

── 2010.9.7
── 刊高雄市《新文壇》季刊，第 21 期，
2011.01 春季號

47.〈回到過去〉

我依稀聽到
古老
荒涼的
珊瑚群
在沿海盡端
發出呼喊
那裡是哭泣的
海百合和三葉蟲
各種小生物的故鄉

一瞬間
這世界
彷彿變了樣
在空中
在我不經意的回眸裡
那浮游的
食物鏈
因饑餓而倒下
就像失神的骨牌
對人類的嘩啦提醒

註：海百合是一種始見於石炭紀的棘皮動物，生活於海裡，具多條腕足，身體呈花狀，表面有石灰質的殼。

── 2009.11.25
── 刊臺灣《海星》詩刊，第 2 期，
　　2011.12 冬季號，頁 86。

48.〈水鏡〉

每當我敞在湖上，
像葉脈裡的蟲，
等不及展翅 ——
哪怕夜是冬，
化蝶扇白了窗口；

每當我不想隱身，
像失聲的蟹，
不斷爬行於岸沿
直到風沒入 ——
拾起一首悲傷的歌。

—— 2011.1.21
—— 刊美國《新大陸》詩刊，第 126 期，2011.10

49.〈夏至清晨〉

哼著山歌的稻花上
坐著一隻介蟲殼兒，戲水
飛空 ── 影子拖曳著影子
四面屏風
從跟前遛過

我擺脫了山後陰影
像綠光裏的羊
把腳步放慢
一條彎路連接無盡
水裡的雲追趕著月亮

── 2010.3.12
── 刊臺灣《海星》詩刊，第 5 期，2012.09 秋季號

50.〈雨中的綠意〉

春在枝頭
雨輕盈地沾滿我的衣袖

雨呀如果你在海上
請跳到我的船兒
它是被風偷走的
我的翅膀
你可要小心輕航
用採擷來的紫丁香
朝遠遠的天邊飄去，飄去……
像一隻蝶
飛回
這夜的赭紅的溪水

我的心撥弄的詩琴
跟著徜徉在酒綠的河岸

任時間緩緩
停泊在那個雨意加深的午后
我的影子

在風裡追逐
是搖晃在雲層的隴頭雲
還是落葉是鳴蟲
低微地描繪
你的微笑和眼睛

春在枝頭
雨輕盈地沾滿我的衣袖

── 2009．7．5
── 刊高雄市《新文壇》季刊，第 17 期，2010.01
── 山東省《超然》詩刊，第 12 期，2009.12

51.〈穿越〉

風的愁眸
懸在黑潮間
村林暗下來。點點木舟
泛著灣邊隆起的
荒涼，堆滿後灘

我穿月而來
輕彈這薄弱的時間
直到夜一同瞇起眼
不再開啟希望之弦

看靈魂如飛魚在光中潛躍 ——

—— 2009.12.31 作
—— 刊山東省作協主辦《新世紀文學選刊》，2010.03

52.〈冬的洗禮〉

踏出
這四面霧林
透過微光
幾株草莖
正在怯怯的萌芽

這裡的冬
沒有冷峻
只有星淚
織就成暖暖的鄉情

一切都靜止了下來
偶來幾點淡雨
鑲嵌在西窗上
似乎有意撥動滯留的時空
而多少年少不經的懵懂
竟悄然清醒如曇花的開謝

── 2008・8・3作
── 刊臺灣《世界論壇報》世界詩壇，第143期，
第3版 2008・10・23

53.〈在靜謐花香的路上〉

一隻鷺，振翅了
在苗田
旋舞如縷煙

眾山動容
而桐顏沉默
它們慢條斯理地
望我

剎時
鐵道的叫賣聲
忽近忽遠

在靜謐花香的路上
一根稻草銜來一個春天
讓理念瞬間倏閃
相思成三月雪

—— 2010.12.16
—— 刊臺灣《海星》詩刊，第 3 期，2012.03 春季號

54.〈詠車城〉

將一路上迎面而過的防風林留在身後

我遠離大都會

以無數個形象把你幻想

在尋找飛鷹的孤途中

我獨坐黃昏

那落山風

又在隱隱作痛

箏曲般

揚一縷忠貞的清昂

註：車城 chechnya 位於台灣屏東縣。1874 年 5 月 22 日，日軍進抵石門，當地原住民據險以抗。在此役中，牡丹社酋長阿祿古父子身亡。6 月 1 日起日軍分三路掃蕩原住民部落，佔領後焚燒村屋並撤回射寮營地。7 月 1 日，牡丹社、高士佛社、女仍社終於投降，是為牡丹社事件。

—— 2011.12.22
—— 刊登台灣《青年日報》副刊，2012.11.17
—— 刊臺灣《新地文學》季刊，第 22 期，2012.12
—— 台灣《乾坤》詩刊，第 65 期，
　　2013 春季號頁 103。

55.〈山韻〉

我說
我聽見了樹與星群齊舞的足音
你說
那是大雁在煙波細雨中
急急緩緩　往雲裡行

我說
我看見了千燈閃爍於萬巒峰頂
你說
那是流螢帶著清涼的鈴鐺
飛過原野　飛過沼澤　飛往自由的天庭

啊，這才想起
那杉林溪的風　施豆肥的老農
從心的隙縫
停泊在離我不遠的斜坡之地
霧還沒褪盡　蟲聲落滿胸懷

—— 2011.9.2
—— 刊臺灣《人間福報》副刊圖文，2011.10.04

56.〈寄墾丁〉

第一次被大海的眼淚所觸動

是在雨後朦朧的拂曉中

不止一次

它悄悄來臨，——

用它古老而莊嚴的語調

向我問候

當那浪花用吻把記憶滌平而

你的倒影成了升騰的煙

哎，那浮雲，悠然地

在巉岩上微笑

註：據載，「墾丁」本義爲「開墾的壯丁」。清領時期光緒三年（1877 年）官方設置招墾局，募得粵籍客家人聚此搭寮墾荒，得名爲墾丁寮。十九世紀中期，因各國船隻途經鵝鑾鼻近海，常在七星嶼附近觸礁翻覆；在美、日等國壓力下，清廷於 1883 年建成鵝鑾鼻燈塔。中日甲午戰爭後，清軍撤離時遂把燈塔炸燬，直至 1898 年第一次重建；但二次大戰時又被美軍炸燬，戰後依原建築修復迄今。塔身全白，爲圓柱形，白鐵製，塔高 24.1 公尺，是臺灣光力最強的燈塔，被稱爲「東亞之光」。

—— 2012.10.16 作
—— 刊臺灣「國防部」《青年日報》副刊，2012.12.16

57.〈歌飛阿里山森林〉

我穿過白髮的
阿里山林鐵
去尋覓童年的天真

這山泉
是個愛唱歌的小孩
音色細而堅韌
神木旁　還藏有
遊客們笑聲

當火車汽笛吶喊出
嘹亮的清音
風的裙步跟著踏響了冬林
土地的記憶
也化成一片片寧靜

我把縷縷陽光剪下
鐫刻在櫻樹上
它竟輕輕地
輕輕地

挽住了夕陽的金鬍子

啊，還有那雲海
從何時
已網住了我每一立方的夢境

── 2012.8.9 作 左營
── 刊登臺灣《海星》詩刊，第 8 期，
2013 年夏季號

58.〈旗山老街的黃昏〉

一條閱盡滄桑但殘存溫暖的路
一幅古樸然而不曾消逝的掛圖
一座天后宮，千萬次的護持淨土
這裡，曾是香蕉王國
這裡，曾是製糖重鎮
未來，仍是否可尋？
呵，讓我也向著前人的足音
莫要驚擾我
在浴火重生的站前
讓我與祖靈悄悄對視
像這冬陽眼中沒有一絲貪婪
像那紅燈籠長長地等待著
也許撥動旅人的夢
也許又細訴
那殿前的脊頂
雙龍拜三仙的故事
莫要再喚我
我要淡然而行
輕拾那承雨牆上的淚珠

註：旗山位居高雄市中央，東毗美濃、西連田寮、南接屏東里港鄉、北鄰杉林。
　　該區原為西拉雅族支族馬卡道族「大傑巔社」（Taburian）的所在地，相傳
　　清康熙末年，住於鳳山的漳州墾民從福建汀州招募佃人向大傑巔社人租耕
　　土地，由於墾民在此搭建竹寮並種植番薯，於是便有了「蕃薯寮」之稱。
　　此地係日本殖民統治臺灣時期的製糖重鎮，臺灣光復後是香蕉王國。
　　旗山老街以近百年歷史的旗山火車站為起點，是老街的精神地標，沿路的
　　小吃店頗負盛名。由於載客量驟減，旗尾線於 1978 年全面停駛，1982 年拆
　　除所有軌道。荒廢後的火車站曾歷經 4 次火災。老街上有指定為歷史建築
　　的「石拱圈亭仔腳」與仿巴洛克式街屋，此外還有重建後的旗山車站維多
　　利亞式的外貌及哥德式八角斜頂，與旗山區農會、天后宮等文化資產，為
　　全省旅遊觀光景點之一。

── 2.12.11.16 作

── 刊登臺灣《人間福報》副刊，2012.12.3 圖文

59.〈老街吟〉

一紅日，浴在山枕的聚落

牽牛的故事，像透明的漏斗

順流在歷史的橫軸

我貼近街屋，米香醬油香

徐徐地 —— 徐徐地叫人不忘

我踩著無水的舊橋頭，一邊張望，一邊思想起

—— 九層粿

註：九層粿是用西螺米磨成米漿，用古法分成九層精製，層次分明，其中一層
　　還會拌入西螺醬油調味，不僅色彩美麗，Q 軟口感更是動人，再調配上米
　　漿、蒜蓉醬油，十足道地台灣口味，西螺人都常把九層粿當早餐。

—— 2012.12.6
—— 刊登臺灣《海星》詩刊，第 8 期，
　　2013 年夏季號

60.〈咏菊之鄉 ── 開封〉

一、

我從新街口來
穿過龍亭公園
歷史的煙雲
遮不住秋菊的顏色

這古都城柳
輕輕繫住一只只方舟
在風裡顛搖
在細雨的古道

走過先人路過時留下的
鐘樓、大相國寺和包公祠
那花雨的心事
也落在石階上了

只有博物館裡
顯得溫柔而肅穆
至今仍時靜，時聞

這山長水闊的歌聲……

　二、

我從鄭州裡來
穿過王屋山，直入五龍口
九裏溝的飛瀑
到底還是個幽渺地隱士

這數道城垣
像是友善地凝視著我 ——
在星空下醒著
在八荒之間吹起了笙歌
哪裡曾經是翰園碑林
哪裡曾經是汴京富麗的美景
那聲震央天的盤鼓和清明上河園
可曾激起城人的壯思逸興了

只有不朽的菊花
映照著這北方水城
至今仍時吟，時咏
遙想當年的舊事……

—— 2012.10.11 作
—— 中國河南省·開封 "全國詠菊詩歌創作大賽"
　　獲銀牌獎〈2012.12.18 公告〉。

61.〈冬憶 —— 泰雅族祖靈祭〉

冬日，每一想起祖靈祭
風在流霞間悠悠地轉
在一片空曠而蒼茫的平疇上
我也向著歸巢的鷗兒
向著你的純淨　深邃張望

神啊，你是否也步履微醺
聆聽那部落長老們對吟
當熊熊的營火升起
頭目開始獻祭
溫暖了多少遊子的心

我知道你遙指發祥村而不語
而我卻只能跪下雙膝
我知道你閉上眼，在暗空
在浩漫宇宙裡為勇士舞而舒坦
直到黎明，你的雙手，像山之臂，
再次迎接苦痛的陽光……

而我知道，那浮雲將沿著你的影子
繼續為沒有盡頭的明天
用清澈的眼睛，寂寞地迴轉。

註：泰雅族的族名〈Atayal〉，原意爲「真人」，或「勇敢的人」。傳說中，其
祖先的起源，首先是於雪山山脈大霸尖山，其次是今南投縣仁愛鄉的發祥
村（Pinsbukan），再來是位於南投縣中央山脈的白石山。後來因人口增長
開始分別往西北方向、東部及西南方向分散遷移。目前，族民分佈於北部
中央山脈兩側，東至宜蘭縣南澳，西至台中縣東勢，南至南投縣仁愛鄉、
花蓮縣卓溪，北至烏來。其傳統舉行 Buling nutx〈靈祭祖〉的季節是小米
收割後，將新穀貢獻祖靈的祭祀。因此，泰雅族的祖靈祭，也可稱爲「獻
穀祭」。
祖靈祭舉行的時間，由頭目或長老開會商議後；晚上，要先做好蒸糯米飯
（Sumul）、糯米年糕（Tnapaq-rhkil），以及糯米酒（Quaw-Tayal）等祭
物。族人在天未亮、雞啼三聲時，幾乎同時抵達離部落不遠的祭場。他們
手持竹棒，串刺上糕肉、水果、玉米，或用蕉葉包裹等祭物與酒，爲獻給
祖靈之供品，定位後就開始召喚祖靈。祭典結束的祭品向來是不帶回家的，
直到天色逐漸明亮時，才開始送客。他們送客時，是用大聲的叫喊，叫著：
「Usa la-usa la-」（回去吧！回去吧！）。歸途前族人須跨越火堆，以示與
祖靈分隔，或象徵著汗穢的潔淨，才陸續踏回部落。

—— 2012.12.13 作
—— 刊臺灣《人間福報》副刊圖文 2013.1.7
〈圖作同第一首詩〉

62.〈冬之雪〉

說起北方
到底有多遠
讓你忍不住流下淚
回鄉路太長
只得把它折疊入夢
啊母親的手
從荊棘叢中向我伸來
撫摸著我苦楚的童年

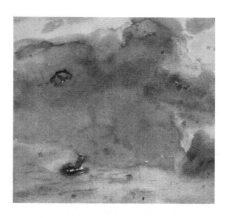

—— 2011.12.19
—— 刊臺灣《乾坤》詩刊，第 65 期，
　　2013 年春季號，頁 103。
—— 臺灣《人間福報》副刊，2013.3.26〈圖文〉

63.〈我曾在漁人碼頭中競逐〉

我曾在漁人碼頭中競逐
那是飄雪的蠟梅氣味
啊北國！我用這裡海風傾訴
對你有多麼摯愛

到底是過去了，那閃爍的寒冷
我再不離開你視野
心中對你的想像
殷切如細絃

在你的滿林中，沒有人知道如何
或何時才能擁有泥土般堅實的愛
我癡愛的人啊搖著小風船
划過山頭又渡滄江

你聽那不斷的猿聲，與那
映著夜幕的高塔一樣孤單
啊我的愛，那最後一瞥望見的
恰是你暖響的呼喚

—— 2012.9.30 作
—— 刊登美國《新大陸》雙月詩刊第 134 期，2013.02

64.〈野地〉

大清早
從草原上出發
鹿從林裡來
狐狸在湖邊遊蕩
水面擠滿了青蛙
那是白鷺在冰上打滑
秧雞和天鵝每天兩次
帶著青魚回家

此刻
溼地漸漸醒來
石楠和荊豆
是否還在水沼旁
千湖之陸
仍繼續保持著秘密
而有時，一個槍火
劃破靜寂 ──

獵季已開始
所有的動物都豎耳驚悸

在暈紅的碎石路上
肥沃的平地
映出發白的雲
和吉普車，音樂，搖滾般
向太陽方向駛去
下谷，上坡

只有我
一個孤獨的旅客
正耐心等待巴士啟動
別了，水塘
別了，野地和狗兒
在蒙著微光的蜻蜓翅芽上
一群鶴正準備遷徙遠去
牠們的身影也有絲絲落寞

　　　　—— 2012.9.1 為保育野地生物有感而作
　　　　—— 刊登臺灣《青年日報》副刊，2013.03.09

65.〈白河：蓮鄉之歌〉

每當六月
亭台的嘻嚷笑聲不絕
那王蓮的葉盤，兀自閃爍
在微風中輕顫著
呵，白河
你是安謐的古鎮
有明鏡的水庫
流過多少人心頭
流過多少虛無的時空
在這頂山仔脚部落北側
水蓮公園頻頻點頭歡迎我
行棧道、扶疏花樹
涉蓮池、騎單車、其樂融融

白河啊，你北隔八掌溪
哺育了幾代原鄉者
你似一朵大王蓮
昂首與茫茫天空爭雄
想當年大排竹、馬稠後的聚落
先民以擔挑、推車載運

越過白水溪畔
漸漸形成店仔口
自力更生不斷線
白河街道暖心窩
關子嶺流出黑濁泥狀的泉
枕頭山、虎頭山
山山嶺嶺唱白河

望碧雲寺寶塔呵
一草一木都問我
可知道，白河精神是什麼？
這曾是平埔族舊哆囉嘓的番地
從先人開荒地，種雜糧植甘蔗
至今豆菜麵、蓮花餐
店仔口肉圓、廟口春捲
鴨肉羹…滷味均獨到
誰說那王蓮立於耀眼的水面
不是偉大的宣導者
猶如白河溪水呵流不斷
炫耀來自紅蓮朵朵
橫推水波，每當月下流螢四起
它在燈火間燦然
睡了，在這天水相間的幽靜之中

── 2012.1.19 作
── 刊臺灣臺南文化局主辦《鹽分地帶文學》，2013.04

66.〈祖靈祭〉

我不知道為什麼
在族人齊聚的祭場
當春石音叮咚地響
那應和的竹筒聲
也緊貼著我的耳畔
讓我歡愉又感傷

啊，美麗的拉魯島
在自由中騰飛
森林與山也跟著我歌唱
那痛苦的精靈
已不再抖顫
原來臼与杵
可以是這樣融合
原來生　老　病　死
也是一種本然

我不知道為什麼
像隻孤鷹，惆悵而迷惘
那記憶裡的魚姬傳說

已攫走了我的靈魂
把我輕輕地帶過泛紅的潭水
回到溫存的夢鄉

註：邵族（Ita Thao），聚居於南投日月潭一帶；為臺灣族群人數最少的原住民
　　族。每年為迎接新年來到，邵族人齊聚杵音祭場舉行祖靈祭。每戶族人帶
　　著祖靈籃 ulalaluwan〈通稱為公媽籃〉置放祭場，再由先生媽（女祭司）吟
　　唱傳統歌謠祈福。儀式完成後，各家將祖靈籃帶回祭拜，而祖靈祭期間，
　　族人要先獻一缸酒給先生媽作為儀禮，並從初一至初三，挨家挨戶喝酒，
　　稱為 tuktuk，意即「飲公酒」。祖靈籃內盛祖先遺留下來的衣飾，以代表
　　祖靈之存在公媽籃內。凡是族中之重要祭儀，諸如播種祭、狩獵祭、拜鰻
　　祭、豐年祭等，都以公媽籃為供奉的對象，族人備酒、飯、糕等為獻品。
　　這種敬祀祖靈的方式，是邵族得以成為族群中獨立一族的最主要特徵。而
　　如何繼續維護邵族人的生活、語言、文化的風貌，實值得政府部門重視。

—— 2013.1.24 作
—— 刊臺灣《青年日報》副刊，2013.04.04

67.〈墨菊〉

你是多年前
從菊譜裡　飛出的
草龍
時間的長河中　笑容依是
如此嫻靜
而我
只是路過時　不慎回首的
行者　只想將你
匯入飄遊的夢中

── 2013.1.8 作
── 刊臺灣《笠詩刊》，第 294 期，2013.04

68.〈春芽〉

夜窗外
醉不勝吟的月
攬住了我
齊看
大地是否
樹綠交加
花滿春和

—— 2013.1.7
—— 刊臺灣《笠詩刊》，第 294 期，2013.04

69.〈一個雨幕的清晨〉

一個雨幕的清晨
簷滴
輕巧地溜過　沉默的街燈
我想起了既往，痛悼早逝的靈魂
在空曠中，雀聲急急去向某地
外界彷彿已經風止雨停

我守持著寂寞
生怕雨水將我的記憶微微打溼
生怕風兒也找不到它的斑痕
生怕斷片的祈禱
在心靈深處
被大火鑄成一片荒蕪

又是六月
回想你過去眼神的時辰
從廣場席捲而來
重重地叩擊的聲音
我在風中搖晃時間
時間像窗外迷路的蜥蜴

倦怠地凝望著我
等待烏雲輕鬆地穿過
緩緩踱步的黃昏

　　　── 2013.3.1
　　　── 刊臺灣《笠詩刊》，第 294 期，2013.04
　　　── 收錄中國《北都文藝》主編《2013 年
　　　　　中國及海外漢詩選》

70.〈夏日長風〉

當森林的小溪
遇上驟雨湍急
紛紛
爭著逃向大海
停在地平線上
自熙攘直至寬廣
只見　太陽兀自靜定
流影如銀沙

又是奔騰的一夏
讓我聆聽於浪濤
如激昂的嘯歌
把煩瑣擲向水舞
把豪情揮灑蒼穹
我是挺直的小草
緜延萬里的南風

── 2008.8.10 作

── 刊臺灣《乾坤》詩刊，第 50 期，2009 年夏季號

71.〈江岸暮色〉

滿枝杏葉的樹叢
像是空山的彩蝶
緩緩飛來
靜聽
松濤
在依依的薄染
層巒疊翠的雲霞
更有幾點歸雁
悲鳴
滿霜風
月寒前
夕陽
送潮在
天之一角與隔岸的傳鐘

—— 2009.1.9 作
—— 刊登新疆《綠風》詩刊，2009.03
—— 臺灣《乾坤》詩刊，第 50 期，2009 年夏季號
—— 泰國《中華日報》，2009.08.11

72.〈老街〉

在暮靄裡簇擁暗喊著
有力的宣言
我拍下鏡頭
鏡頭隱在百年不曾改變的
畫面
無法看穿的陰影下
那錯落的叫賣聲　勾劃出
一張張親切的臉

── 2009.01.02 作
── 刊台灣《世界論壇報》，第 151 期，2009.03.05

73.〈夢土的小溪〉

在我的回首中，落梅遲遲，更覺相留
別是春歸遠去的時候
妳是無人的綠原的一粒花果
因為波光而不期然的淹入了下游 —— 也許
妳堅持。那是唯一的選擇
妳同在風中吟唱
風在碎石子的小路上徒步著
這裡有的是遠山凝寂
時而彌望，時而歡容
直到有一個相當模糊……
渺渺小小的回音，仍然掙扎著
默喚了我
而夜裡的白樺，也使盡全力
向上等候

—— 2009.01.14 作
—— 刊臺灣《葡萄園》詩刊，第 183 期，
2009 年秋季號

74.〈一方小草〉

小煤屑路
慢慢兒的
從山嘴裡穿
一棵棵
不知名的
樹
幽幽地庇護我

我底眼睛
竟瞬間
漾成水雲
無力的
牽著夕陽直入古藤叢中

驀然發現，隱在暮煙
一片一片……的小草，也攀上山坡
一如真正的行者
在星輝底下
彎了腰也挺得
灑脫自在

—— 2009.01.30 作
—— 刊美國《新大陸》詩刊，第 111 期，2009.03

75.〈霧裡的沙洲〉

浮著淺淺的水面
洗盡新生的地
像是滴漏的雲，流過曾文溪口北岸
在我守著候鳥最期待指向的經緯
忽而聽到遠方的訊息
彷彿秋晴背著我隔海相望

當我離去，古風依依
你一一採集我底足印如細浪
當我回首，你是我載不動的愁
停靠在蘆花深處，與風切的暮色
而幾滴清露喚起的
千萬端緒卻悄悄在淡月裡
飄來盪去……

　　── 2009.02.05 作
　　── 刊登河北省《新詩大觀》第 55 期，
　　　　2009.04，頁 12。

76.〈春天〉

天光之前
泥土已經甦醒
之後，它走訪了許多窗口

梭巡綠野時
它輕喚了蠶蛹
俯視羊群時
它點醒了牧童
經過避雨的人
它揮灑了彩虹

而今，風箏依然
盤旋我的青空
我呆呆地望著
它竟然邀我舞動

—— 2008.6.14
—— 刊登河北省《新詩大觀》，第 54 期，2009.02

77.〈黃昏雨〉

雨高懸在殿前
占據著山頭
連綿到河岸匍匐在
綠蔭下，突然消失於下墜的夕陽中

因為來去匆匆
它的身影有鑲邊玻璃那麼亮
小時候我就是鏡裡的雪河
披上暈紅的新裝，等待花落

這場雨把院落靜得恍如出世
也帶來最驚喜的聲音
卻老聽見
自己的腳步踏在
石板面上的
回聲

—— 2008.09.05 作
—— 刊河北省《新詩大觀》，第 54 期，
　　2009.02，頁 16。

78.〈大貝湖畔〉

一棵濕綠的樹
輕彈著鐘琴
湖面
靜謐地
前來傾聽

直到曙光
擦白了葉影
晨霧似白貓的足音
我跟著亮點走

當帶路的星子隱退
我的猶豫
都將涼醒

── 2008.11.02 作
── 刊登河北省《新詩大觀》，第 54 期，
　　2009.02，頁 16-17。

79.〈木棉花道〉

一盞盞
亭亭的金燈
倒映和逐流於
石橋的兩側

花萼被調和
如三月黃昏的嬌羞
赴遠到雲團裡
貼近那望不盡的茂林 ──
而遠處土阜上的炊煙
順著一彎清淺
牽出山中之月
於是寺院的紅磚道上
忘不了的，是那綿密的
輕愁

── 2009.02.06 作
── 刊登臺灣《葡萄園》詩刊，第 182 期，
2009 年夏季號

80.〈走在彎曲的小徑〉

沒有生氣的
給他一雙高翔的振翅
沒有甦醒的
給他一顆燃起的雄心

我有意氣
也有豪情
前面，已沒有多餘的視線
只有無休無止的馳騁

在沒有妳燦爛如夏的日子裡
我是個擦身而過的
行者，正待回頭轉身
開創命運

── 2009.02.08 作
── 刊臺灣《世界論壇報》，第 153 期，2009.04.09

81.〈驀然回首〉

我努力捕捉
那守在雲堆裡的陽光如流星的眼波

白鳥齊飛，空餘的笑聲低迴
在我感動的一刻
山盡的茅屋又多了份凝重，那是
這一地金黃自雨後沖刷的青石階上
只聞微風向甜美的小草殷勤問候

前路一直延伸著
而我已別無所求
只要拐個彎
就會看見栩栩如生的楓紅

—— 2009.02.23 作
—— 刊臺灣《葡萄園》詩刊，第 182 期，
2009 夏季號

82.〈岩川之夜〉

野溪
是密林琅琅的樂音

圈圈螢光
披雪守在飛瀑外
一路緊緊相連

黃金雨季不來

而等待
變成阿勃勒花海
來送還它的思念

── 2009.5.5 作
── 刊臺灣《葡萄園》詩刊，第 183 期，
2009 年秋季號

83.〈河階的霧晨〉

銅門村外
階崖下
奔騰著
溪底激盪　的洄瀾

風浪上
一畦畦
茶園
雲飛在鶴岡

沿徑而行
這一次回來
只因奇萊北峰
相繼彩排
你原有的顏色

我也不過是
沖淡潭畔
匆匆而又
頻頻回首的過客

註：1.西班牙文「波瀾」、「海浪」之意,與「洄瀾」有同義之趣。
　　2.奇萊北峰位於台灣花蓮縣，海拔標高 3607 公尺，隸屬太魯閣國家
　　　公園管轄。

—— 2009.6.9 作

—— 刊美國《新大陸》詩刊，第 113 期，2009.08

84.〈一滴寒星〉

浪鼓
花林中
總是忽起忽落

江面的楓葉
一　樣素潔
只有我傾跌進深谷
隨風帆
凌波而來

一只山鷓
響透這暗綠的夜
緊依空枝
交結著我的飄零

在　望不盡的
海岸之前
輕輕地
輕輕地緩下腳步
如果妳側耳聽

與其劃破時空而熱烈輝耀
不如一掠而過
只看見向前的我

── 2009.07.07 作
── 刊美國《新大陸》詩刊，第 113 期，2009.08

85.〈夢裡的山谷〉

秋田無雨
雲棲在林外的桑麻野道
直到霧氣瀰漫
將天地融於地平線
後方是近乎單色的島嶼
稀疏地飄起幾縷青煙

秋田無雨
雲凝視古老歷史的碎片
聚落的
浮
沉
一棵棵橄仔樹
依稀可辨
而後星子互偎環伺著曠野
日夜輪替
還可聽到荊棘的聲音

是飛鳥的長鳴？

月光在森林狩獵

秋田無雨

—— 2009.06.06 作
—— 刊臺灣《葡萄園》詩刊，第 184 期，
　　2009 年冬季號
—— 山東省《超然詩刊》，第 12 期，2009.12
—— 菲律賓馬尼拉版《世界日報》副刊，2009.08.06
—— 美國《新大陸》詩刊，第 116 期，2010.02

86.〈野渡〉

一隻鷹　擎起
懸崖邊的天空
點點水鳥　化成
細浪漂漂　流入
相連的大地
慢慢飄散

不知道是什麼生存的希望
鼓動著你
遠渡朴子溪口
夕陽下，但
你杳逝的背影
顯得如此孤傲

就這樣
避開了
風雨　驚濤
緊跟著紅太陽
你似乎即將沒入灰藍的遠方
卻又像是要停泊在我的心上

　　　　—— 2009.7.22 作
　　　　—— 刊美國《新大陸》詩刊，第 114 期，2009.10

87.〈春深〉

藍灰色的煙波，是慌亂
的羊群。夜逃出森林
尋找豐饒女神，
飛鳥粉妝水鏡。

此刻，雨雲中，
晨曦凝成帶裳
的明湖，雞唱，聲聲
似草碧的春紅。

春在柳梢，
杜鵑輕啼尚早，
所有青山白水、開始暗移
瀟瀟的腳步；

一笛風聲，
將漫飄的客夢
點醒，隱忍，
一切在空無、沉潛、寄吟。

回首歸程，綠已深，
這日線的紅影有多長？
怕是獨我幽存的情更深，
啊，半籠的江景。

—— 2009.7.8 作
—— 刊臺灣《新文壇》季刊，第 16 期，2009.10
—— 山東省《超然詩刊》，第 13 期，2010.06

88.〈在積雪最深的時候〉

漸漸掩埋了
公路和我
風不想停歇
啄那細枝號鳴的心事
夜沉默了
鷓鴣孤鳴

我站在叉道前
等待樹叢冰柱的脆聲
夜墊著腳尖
一一采擷
悲傷的足印

一隻害羞的鼯鼠
瞄著我及我的夢境
噢，這冗長的冬季
你睡著了嗎
不，其實我是不在乎的

—— 2010.9.30
—— 刊臺灣《乾坤》詩刊，第 64 期，
2012.11 冬季號

89.〈原鄉 —— 咏撫順〉

還記得嗎？
紅河谷的野花開了，
又謝。
一隻隻雀鳥
輕盈跳躍 ——
棲息在
疊石的樹梢。

看，城人怎歌著你的，
如果你側耳聽：
風依舊呼嘯，
一切過去的
無數悲喜與舊事，
如今，
故鄉的風正日夜呢喃；
讓我飛去吧，像雲那般，
鼓起一雙豐羽的風帆，
鳥瞰溪谷和河道 ——
鳥瞰花葉和獸鳥 ——

當秋月懸掛枝頭，
屢次鼓翼
想親近你的時候 ──
那四季的足音，
就像遙遠的時光之機，
馱來了你的訊息。
你讓每度春光來臨都帶來幸福的圖彩，
你讓每一窗花都把一切輕浮關在城外，
終於
我進入久別的走廊
但苦苦找不到爹娘的容貌

還記得嗎？
紅河谷的野花開了，
又謝。
原來那門前老樹
依舊傳來
生機昂然的歌謠

── 2012.10.15
── 刊臺灣《新文壇》季刊，第 31 期，
　　2013.04 夏季號，頁 168-170。

90.〈米仔麩〉

米仔麩是鏡頭下一張泛黃的照片

我眯著老花眼
透過方形的光束，去撿拾當年
落滿一地的笑靨

冬夜喝上一碗
猶如走過一條狹長的小巷
門前的春聯
長凳底身影
啊，我見到了蒼白的父親
以緩慢的語調
以慈悲的眼神
喚著我回家的聲音 ──

然後
空氣中
飄浮著那種
熱呼呼的氣味……

── 2008.8.27 作
── 刊重慶市《中國微型詩》，總第 18 期，2009.06

91.〈北國的白樺 —— 致北京大學謝冕教授〉

北國的白樺
矗立崖上，
群雁親近
向它丈量。

如星光照影
在疾風中，——
昂首而歌
讓夜驚嘆。

人們鍾愛它
面容安詳，
我卻欣賞它
誦讀的音響。

—— 2013.4.14 作
—— 收編古遠清教授編輯出版 2013 年的
《謝冕評說三十年》。

92.〈追憶 ── 鐵道詩人　錦連〉

他似一棵雲木於
十里溪風之中
不管人間的榮枯盛衰
溪水仍在地表上潺潺地流

那有時單調有時激情的水聲
是眾神的低聲悄語
都在訴說著 ──
一個孤獨而充滿愛的詩人

他來到涼冷的溪流邊
想要解讀眾神智慧的啟示
於是靜靜地傾聽
並眺望故里千萬次

他橫過肥沃的黑土
那兒曾有青禾，彎彎的土橋上有月光
圍住了出沒的雞群草場
如今只留下一勺記憶，在水波飄蕩

　　那黑夜只不過是黑夜
　　卻要我相信那天堂之上
　　有花園和海洋
　　還有宮殿裡藏有你吟遊的笑容

註：追憶詩人錦連於病中逝世，享年 85 歲。

　　　　　　　── 2013.1.15 作
　　　　　　　── 刊登臺灣《乾坤》詩刊，第 66 期，
　　　　　　　　　2013.04 夏季號，頁 47。

93.魯凱族「黑米祭」

啊，倘若我的夢飛向
部落與尚未遺忘的歌聲懷抱
擺脫都會的煩囂
重聽那黑米謝神的故事
倘若我釋放的靈魂嬉遊
穿越紫斑蝶的河谷
那麼，我將與族人圍舞
那麼，我將感恩並分享
喜悅，尊嚴和榮耀
但曠原對我反複呼喊
日子也彷彿回到最初
而所有湧現的淚和
相聚的歡笑與離愁
也終將熄於那遠路盡處
淡藍的夜霧中。

註：魯凱族主要分佈在高雄縣茂林鄉、屏東縣霧台鄉及臺東縣東興村等地。其
　　中，茂林鄉多納部落獨有的「黑米祭」，在每年 11 月秋收後舉行勇士舞、
　　盪鞦韆、搗黑米等活動。而 傳說中黑小米的故事，源於一位多納婦女因農
　　忙而將孩子放在水潭邊，以聽見哇哇哭聲來辨別孩子的安全。但某日卻無
　　聽見哭聲，這焦急的母親在一次夢中，聽見水神告訴她不忍孩子一直哭泣，
　　將他帶走並代爲扶養直到長大，但希望部落能種植黑米謝神。

── 2013.4.8

── 刊登臺灣《人間福報》副刊，2013.4.30 圖文

散文篇

1.〈在我南灣的風景中〉

〈夜宿南灣〉

哦我從細雨中
企圖在窗內漫過自己
發愣的腳步　總是輕的

那隨時可以發光的海
在睡夢裡
一條老街連接無盡
月也不動
索隱著我的暗語

我低垂著：
早已習慣在風中敘事
破霧而飛

請來點兒音樂

讓我不再想著那個望海的老人

就從這蕩漾開始吧

直唱到黎明

在枝葉間

炫目的一瞥

　　　　　　　　　—— 2011.6.22 作

　　今年二月下旬的一個清晨，在涼風輕拂之下，全家搭上國光號奔赴墾丁。下車時，天空異常的皎潔、空遠，那蔚藍海岸正像畫片似的展覽在眼前，有無限幽深的美。煩囂的市集聲不見了，只有些許旅客在橡皮艇上玩著衝浪；在穹頂的陽光下窸窸窣窣，不時傳來微弱而含混地笑鬧聲……這一切新鮮的景緻，帶給我們益發高興，南灣沙灘似乎正等候著我們光著腳丫一同作樂，走在冬陽下，便覺得日暖舒活起來。我們的舉止活潑了，說話也變響亮了。就這樣，我們意像天上掉下來的神仙似的，悠遊其中。

　　核三廠位於斜右方百尺處，登上石階就有美麗的觀海區；我們小心翼翼地繞過泥窪地，在眺望台上坐下來。從椰葉下漫步小徑，並同旅客擦身而過時親切地招呼著；隨後便匆匆離去，直達關山拍攝夕陽。原始林中，但見三兩隻野生蝴蝶飛入枝叢，蟲鳥恣意地喧嚷著；我懷着一種客觀的敬意凝視牠們，一邊心不在焉地捉摸是什麼耽擱了春天。

　　但我覺得吧，關山在我心中，夕陽美的令人感動。雖然距離國家公園還有一小站路程，拍得畫面也簡單了些，但挺好的。漸漸的，一路上，沉默的女兒忽然有感而說，下決心要實現夢想的那一刻是很重要的，因為，真實乃夢想的產物。而我卻回答說，著手去作的那一刻才是最重要。這段話，說得有意思；我不禁莞爾低頭笑了……從某個角度，我為女兒終於懂事，是不是有一點點莫名地興奮呢。屏東，可愛之處在於那麼點的熱氣，奇的是樹蔭處和美食「綠豆蒜」等卻涼意宜人。結果我們分兩部租借來的機車隨意地逛走，直長的馬路倒也消磨了一整天。

　　傍晚，走入「冒煙的橋」餐廳時，重金屬的音樂和水流的配合已然非常藝術；有趣的是，旅客都是十分輕鬆的人，倒喜歡上沿路攤販的車水馬龍，夜燈的細膩光影也是溫馨熱鬧的。不過入夜後，氣溫就涼了下來，我坐在舊屋改裝的日式民宿裡，樓窗望出去，正巧十點鐘，璀璨的煙火忽地劃破暗海，後方是隱隱的青山，頗為詩意。濕灰灰的雲氣是南灣此刻普遍的情景，因寒雨不歇，氣溫略低。一覺醒來，剛剛黎明，我趕緊披了件毛外套，母女倆遛上街時，海風加上濕氣，更需要一大把花傘才行。沿灘一帶，懶人樹一排排，紅葉勁落一地。山岩模糊帶雨，別有一種風情；如一孤獨的漁人與一隻大白鷗，在萬頃波中互凝海潮退去的時候……。不多久，南灣又恢復了生氣，我竟熱望著海天上那雲彩一小撮逐漸暈開的紅，那是微笑的影子，掩映著波鱗的光。風吹飄然，那守在雲間的青山如金銀般閃爍……

　　而今，那小鎮的琴音變成一片雲，落在我夢中，有許多故事可以說。那無數的瞬間，織就成綿密的思念。其實，遊憩小鎮只需一雙布鞋、簡單的行李；在那裡，沒有任何文字能取代你自己；只有將煩惱從文明中抽離……哦，彷彿中，白窗外的椰林，南灣之夜如同貓眼般，如此沉寂，如此神秘，如此吞吸著我在都市中疲憊的心靈。感覺的春天似乎正告訴了我，那黎明仍偎在山梁上；而昔日沙灘的足音即將消逝在汪海裡、在太空裡、在許我太多的幸福的暮色……。

—— 2011.3.2 作
—— 刊登台灣《笠》詩刊，287 期，「詩人地誌圖像學」專輯，2012.02，頁 148-150。

2.〈神遊薩摩亞藍湖〉

〈無言的讚美〉

我和西天
追趕不上的雲朵
踏上這一片夢土

薩摩亞的藍湖初醒
雄奇而神秘
撲眼而來

山是以沉默　露出
蘋果也似的
笑容

── 2011.6.23 作

　　薩摩亞的藍湖，恰如一面無須擦拭的明鏡；陽光照著它時，風動則波光浩淼。那一湖碧綠啊，是那樣樸真、那樣燦爛嫵媚，帶給我永不破滅的希冀、童心般的夢幻⋯⋯
　　六月的一個夏夢裡，靜夜如洗。在波雲詭譎的天空下，我開

始行經六龜、老濃到梅山口後，心怡神曠。忽見一片粉紅的山櫻、桃花，格外開得十分爛漫。我一氣爬上中之關的天池（天地之心）附近，人煙漸漸稀少。再奮力地拾級而上，我就看到了霧氣瀰漫的遠方，群峰在濃霧之間乍隱乍現，山腰以上，都籠罩著昏朦的白霧，有著海上仙島之美。

等我稍定一下神，花精靈已牽上我的手，臨空飛盪、隨風而舞。我們的周遭是一片崇山峻嶺，在深邃幽靜的山谷中，迷霧迴繞，樹林依然傲立穹蒼。我們飛過了有生氣的田野、飛過叢叢竹林的後面，飛過許多晶瑩瑩的小溪、有點原始，卻長滿鮮甜的梨園。回眸青山，氣象萬千，壯美得令我們陶醉，並賦予這一頁歷史，最特別詩意的一面。啊，那林中鳥雀在喧嚷著什麼呢？原來是嗅到了藍湖的氣息。我也深感到，不同的風景，越過一山，行至一谷，都別有一番天地。該到了吧，我不禁這樣地想，該到了吧，我又想了一遍。於是，順著一腰谷上，只見被太陽鍍金的玫瑰雲朵虹彩後的天空下，綿延不斷的山峰正籠罩著帶有寒意的雲煙。我們終於來到它的懷裡。乍一見，我有點不知所措，有點驚奇，也有點激動。這曾經讓我魂牽夢繞的，如果這真是藍湖？！定是瑤池之水漏灑人間。它有種無法言傳的祥和寧靜，我們也幸福地在一取之不盡的大自然中，渾然忘我地暢遊。

之後，花精靈提議，沿後山的竹林幽徑，散步到客棧草屋去。道路兩旁，都開滿波斯菊、金盞花…一隻不知名的大犀鳥咕咕的啼叫著。到古樸的原住民小鎮用餐時，柔和的燈罩映著純樸的笑靨，菜餚、野味，交雜地擺在前面；大家歡欣洋溢之情渲染在整個屋內。隨興瀏覽一片蒼綠之下，欣賞到星月大道兩旁，茵茵綠草，曲徑通幽。開滿紫色、嫣紅、粉橘…各種美麗的花朵，迎風搖曳生姿，恍若世外桃源。不一會兒，我的目光又不由得被拉向

煙靄的遠方去了。我們手牽著手，興致勃勃地瀏覽著。一路之上，深感到，原始的藍湖，雖可以提供豐富的旅遊資源，但也帶有一種深不可測的敬畏。直到暮色沉沉的傍晚時分，才一一不捨地飛向無盡的藍天，重返家園。

　　這次夢幻之旅，你如果問我有什麼最令我留戀？我會毫不遲疑地告訴你，不是沿途奇景的美不勝收，不是它超凡脫俗，不染塵囂的美。甚至也不是它迎著夕陽，妝點這塵世人間。我要告訴你，最令我留戀的卻是因為山水能啟發我們的智慧，無論世間的紛紜如何變化，它始終默默不語。在忙碌中生活的人們啊，那山巒、那曠野溪壑、那藍湖，那澎湃的呼喚聲，最能感覺到自然之美，也能使我們重新得到心靈的喜悅。

　　　　—— 2011.6.23 作
　　　　—— 刊登台灣《笠》詩刊，第 287 期，「詩人地
　　　　　　誌圖像學」專輯，2012.02，頁 150-152。

3.卑南樂山的心影

　　5月19日晨起，我遠離都會的喧嘩，來到知本<u>東遊季</u>渡假；面對這窗外青山的環抱，不禁發出美的慨嘆！公園步道上，巧遇咖啡達人詹丁申，聽老人家如此說，他的咖啡園離此不遠，先生就急急的想去觀賞。決心要跟去時，這情致實足讓我為之興奮了。登上詹伯的越野車，直奔龍泉路，再右轉爬上了樂山蜿蜒前行。一路上密林野樹，幾隻雀鳥在枝上舞蹈……攀行間，忽覺樹叢漸濃密。約莫十分鐘抵達後，一行四人佇足山嶺。美哉卑南，滿眼蔥綠叢山底下，有疏落其間的幾戶人家；我探身俯瞰四野，只有這縷縷清風，水聲，一時極靜。詹老屋前楓紅點綴，夾雜著綠林與鶯啼雀囀聲，錯出其間；山谷處，霧靄迷濛，恍若踏上一片夢土。

　　不一會兒，驕陽探出了頭。走在光影斑駁的小徑上，與詹老一路談笑間，逐漸明白，這知本溫泉源頭為本溪南岸岩隙，溪谷間有天然湧泉，水質屬弱鹼性碳酸氫鈉泉。區內除了以泡湯聞名、附近還有觀林吊橋、白玉瀑布、清覺寺等旅遊景點。此外，登臨<u>樂山</u>，這裏的一切是那樣幽清雄奇，山石水樹，溪泉潺潺……在清麗中帶給我的不是一時的興奮愉悅，而是那一份出奇的靜謐，竟不知自己身在何處了。在這裡，第一次體會到大自然的博大與包容。這兒沒有喧鬧聲，也沒有功利與虛偽；沒有霓虹燈下的浮世，眼前只有詹老太太笑容靦腆而親切。

順勢望去，一條小路透
迤到山林深處，那曾是詹老
夫婦徒手彎腰、一步步開闢
出來的路啊。這倒是讓我聯
想起：這位詹老——曾參加
823 砲戰的老兵，與他這青
山之巔到底縈繞著多少不與

人知的汗水？正當我們驚奇的時候，詹伯就呵呵的笑。依著他指
示的方向，這咖啡園是依山就勢，穩健巧妙；更保留了自然、不
加農藥的生態特點。為了守護這片 5000 株經矮化育成的 Arabica
品種的咖啡樹林，不僅天候、土壤、處理技術、行銷樣樣都要靠
學者專家跟自己家人摸索；此外，咖啡樹因雨期不定的因素，連
開花結果的時序也跟著不固定，所以一定要以人工方式採收才
行。園主詹伯的兒子詹明崇為人隨和、積極上進；自從當上卑南
鄉咖啡產銷班第七班班長後，父子倆為打造「樂山咖啡」，於 99
年從全台灣 32 家菁英產業中脫穎而出，並獲得國際肯定與獎牌，
迄今仍默默站在崗位上努力著。

　　回轉的路上，果然輕快了許多，不到幾分鐘就到了山下。端
著詹伯母親自遞來的熱咖啡時，一股清香瞬間散於味蕾，喝起來
特別感動。臨別時，伯母相贈的兩瓶自製醃青梅，也別具風味。

　　當我們戀戀地道別了知本，回到高雄大都會的窗前；此刻，
月光柔柔的，但我只想草記下這日的遊踪和感恩的心情。

—— 2012.5.22 作　993 字
—— 刊登臺灣《人間福報》副刊 2012.6.18〈圖文〉

4.越野單車散紀

　　是一個靜謐的清晨，帶著一種任性與嚮往沐浴在原野麗日中的心情，參加了第一次自行車探險之旅。不知道究竟是我浸潤著興奮的情緒？還是同伴中早已迫不及待朝向目的地馳騁的背影使然？看樣子我們可以傾心於多采的秋色哩。

　　我們沿著滿佈綠意的小徑行走，麻雀聲乘風而至。

　　出了澄清湖，就往大樹鄉的原野，約莫半小時，爬了一個小坡，曙光已現，晨霧漸失。清風吹起了陣陣漣漪，我將粘上衣襟的湖光，還於金色的謐靜。隨後，直奔前路。一輪紅日，正從東方升起，引導我們默默向前。他們騎得好快，可是我還是緊緊得跟在後頭。越過最艱苦的一段路程後，誰個心裡不充滿了雀躍？從這個時辰開始，行人逐漸稀微，隊友們開始汗流浹背、氣喘噓唏。但在我眼前的天，是如此淨藍，陽光是溫煦的、一切生物都活在其中的自然；而我的位置好似在宇宙中一個幽遠又永遠心怡的地方。

　　我開始徜徉在綠色的山間彎道，遠眺蔚藍之下或深或淺的山巒。這大樹鄉位於高雄市西南部，是中央山脈與內門丘陵的延續；因而，境內地形主要以山地為主。遠望去，它有點像是幅只勾勒出輪廓的墨畫；也是南台灣人心中不可磨滅的風景。或許，它並不顯耀，但確能保持它的古樸與純真。

　　遠遠的，西北角前方，一隻不知名的黑尾雀鳥在樹林盡處，

似飛似飄的朝山的彼岸投去。多麼妙微，多麼靜寂，多麼驚歎的
休止音符啊！想不到，那空漠的天空都捕捉到了牠清麗的姿容。
啊，這麼多的雲一如斑蝶，停泊於山巔，空氣竟一點也沒有失去
它的清新味。但礙於戴上安全頭罩，確實，我只能偶爾看到左方
更遠的山陵的主要範圍。這時，電線桿上的小山雀也成群飛來，
在天空穿巡。看著那平常僅反映的天與樹，還有鳳梨田、荔枝樹，
絲瓜棚上的黃花、蜜蜂和農舍旁聒噪的灰鵝在晨光的草地上。我
深深感到，思想是可以讓我們站在我們之外的。時間僅是我垂釣
之河，當我不經意地輕搖它的時候，我就像是自由奔放的精靈，
亦或挺直的小草，在秋陽底下，彎了腰也挺得灑脫自在……

　　終於在里長伯家，得以歇息片刻。那門前樹下有個極為平坦
的空地，頓時，秋蟬的歌聲，清晰而持續的輕喚著，說不出我有
多驚訝；而生命的趣味，就在這閑淡的晨光之間無遺的展現了。
這裡沒有都市的流光溢彩，有的只是淳樸的山裏人無盡的人情
味。或破舊的紅瓦老屋、雞鳴的小巷裡，走出一隻裝上義肢的土
狗兒……卻都是我最惦記著的。我很想停留在這個奇美的地方多
作遐想，但隊長正催促著大家，奮力趕往終點站「小坪國小」。

　　當我們抵達時，穿過樹蔭的陽光，灑落在石製的泡茶桌面上，
同伴們有的拿出香蕉、柚子，有的舖滿了花生、核桃果和葡萄乾。
隊長則給每個人都斟滿了現煮的蜜茶，才開始呼朋喚友、愜意地
品茗、大啖三明治早餐；讓我體會到互助的情感及友誼，使點點
滴滴的生活，塗上一道溫馨的色彩。忽然，我看到十幾隻八哥齊
飛在校園綠地，牠們帶著奇異的叫聲、審視著我們這幫不速之客
且毫不畏懼。在秋陽與大地的撫愛下，我趕緊按下快門，心底撥
弄的詩琴，也跟著徜徉在酒綠的山林間；我感到一個被遺忘數個世紀
的永恆是可能的。

　　回程，背上簡單的行囊，卻已深深感觸到，在紙上觸摸的鳥
語花香，不若用自己的心靈去感悟山野之趣；而如何填實自己豐
盈的生活，也是重要的。在我回首中，這裡有的是遠山凝寂，時
而彌望，時而歡容；一刹那，稀微的碎影覆蓋山丘，似乎即將沒
入我沉睡的記憶，卻又像是要停泊在我的心上。這就是我親歷山
野的全部真實情況。

—— 2011.10.23 作
—— 刊臺灣《人間福報》副刊，2012.1.31

5.山裡的慈光

　　在仲夏透亮的清晨，再沒有聽到風雨的聲音，電腦桌前靜極。遠山的目光，斟滿了我的思想。是誰？如此緊鎖我心靈的故鄉？那曾經飛翔的夢，忽而湧上心頭，在柔風中飄動……

　　六月中旬前，一個幽微的夜裡，雨添了許多聲浪，而各處的風，滿地的葉，彷彿一起呼號。隱約中，又聽到那八萬四千的詩偈隨風低吟，聲聲淌進了我心深處……但，就像颱風到來前那種沉悶靜止的空氣一樣，我開始有一種不安的心緒；這裡面應該含著深的憂慮和希望吧，使我不能靜下心來。因為，從氣象台的報告裡，一場暴雨正逐步接近中。我寫到這裡，覺得空氣在動了。我聽見風呼叫聲，我不能再寫下去了，我可以瞭解這個土地上的人民受難的情形，他們正咬緊牙關在守護著家園；看來，這惱人的颱風是不會屈服的。人民的狼狽、驚悸與失職者造成的災害，可想而知，令人心痛；但，大自然又超乎尋常地將我包容。

　　等待是焦心的。直到覺鴻法師電話中告訴了我，一切會議都會如期舉行時；十五日傍晚五點，匆匆收拾幾件行李、帶把大傘，就雀躍地出了門。不知是巧合？亦或老天的安排？竟讓我在候車時，遇上了同鄉又同校畢業的古氏姐妹。隨即搭上佛光山的接駁車，走過一條條公路，走過義大世界的興起與繁榮後，山寺便在我的眼前明亮起來，像在歡迎一個久違的朋友。

　　颱風警報雖還沒有解決，我倒像隻稻花上的介蟲殼兒，醉入

「不二門」高聳入雲的殿堂。我索性不轉睛地望著這靜寂的麻竹園。傘花下，我跟著學姐們拾級而上。一棵棵柏樹巍巍立著，五百尊羅漢並列兩旁；而雨後的鮮綠正巧給寺院增添一份靜穆。

離開這山寺又有兩年了吧。站遠了看，朝山道路前面是巍峨的紅柱旁有對石獅子，階前的「大雄寶殿」原樣地嵌在那裡，似乎未曾被這即將而至的颱風所撼動。我望著那寺壁，頓時，被一種奇妙的感覺絆住了，彷彿要在這裡看出我過去的年少無邪，又像是要在這裡尋找那遙遠又熟悉的舊夢……在這個我永不能忘記的雲居樓，我曾度過了兩個夜晚，受到師父們熱心的款待。雖然每次我都匆匆地來，再匆匆地離去；但我已領悟到，給予也是幸福的滋味。

又是否我的心在這裡想尋覓些什麼？是什麼樣的願力驅使我又回到這兒？

是啊，我嚮往一個夢，多年來也曾奔波找尋。也許，正如六祖慧能所說的：「不是風動，也不是幡動，而是自己的心在動。」不知怎麼回事，佛光山對於我，一直有一種奇異的緣。我住高雄，它在大樹鄉，早該常來探訪尋幽了，然而却一直難以擺脫世俗雜事，只得一再作罷。到如今，機會來了，有度法師安排了三日座談與講習活動，讓我欣喜難掩，始終沒有停止過。現在學人們也陸續地抵達雲居樓前寺務處報到了。

目睹了佛陀紀念館的壯麗與莊嚴後，相當感動。因為我們是學人，師父及義工們都對我們十分貼心問候。我簡直忘掉一切寂寞、忘掉了一切身體的病痛；我只是個遊子，卻好像回到家園的懷抱。

夜來了。我再聽不見外界一切，除了這晚風纏捲、蛙聲、聽任蟲鳴訴說。樓窗外都亮起了燈。有幾位師父在庭中穿梭著，或

許在等待出遠門的我們回家吧。忽然一個熟悉的聲音在我耳邊輕輕地敲起，應該是寺鐘在我心上留下的影響；但是這個時候我卻只想做個平凡又簡單不過的夢。

翌日醒來，我揉了揉眼睛，就聽見小鳥的雀鳴，鳥聲裡有一種安閒的逸樂。在鐘鼓梵唱中，我們合掌、我們頂禮，虔敬地上完早課。齋堂裡，同樣地，受到師父等義工誠摯的款待。休息時，我跟學姐漫步園林、愉快地交談著彼此的情況。她們以在大學教學的熱誠獲得了學生的信賴，我也能體會出她們認真付出的心情。

是的，許多煩惱在這個山寺中都變得稀鬆平常，就連複雜的事也全化為簡單的了。學姐與我也難得能以赤誠的心相見。緊接著，上課於佛陀紀念館本館大覺堂舉行的「星雲人文世界論壇」課程。很顯然地，兩位知名學者之說，獲得了有力的迴響。但我更喜歡聆聽大師的教誨：「是人間佛教，改變了人心。……向上的力量，來自你我……」師父的慈容依舊，步履卻蹣跚許多，連握住麥克風的手都是微顫的……是啊，那聲音讓我的繆思，濕潤了眼瞼……那聲音把每個期待的眼神，都照得更璀璨了。

回到潔淨的禪房，稍微休息。當晚七點四十五分再次集合於大雄寶殿前廣場，由心培法師主持「獻燈祈福法會」，真的會「心誠則靈」吧？！我閉眼默禱，為這地土上苦難的子民、為未來的一切風雨災難，懇求福音。之後，我又回到禪房，繼續執筆前還看看窗外。

這時，樹上、地上，滿個園子都是蛙鳴。石牆旁，一叢叢樹影輕輕地搖晃它們的身軀。我側著身子去看那一盞盞昏黃的燈光。又開始坐在窗前寫了些字。想起了方才我跟學姐沿著麻竹園行走，撈捕風的步履兒，深一步、淺一步，時光的蜻羽輕輕凝固了……那群花叢竹也頻頻向夜神投遞訊息。廣場前，一位小師父

告訴我們，小黑貓名叫「醬油」，哦，是嗎？這名字取得真好。瞧，牠還緊依著我們褲管喵喵地叫。那逗趣的模樣，禁不住為這小東西生憐起來。是嗎？連你也知道要守護著寶殿？連你也知願力是多麼奇妙又不可思議的了？！屋外，星光應該早已寂滅了，在這個靜寂的僧廬裡，我第一次感悟到「知足」的喜悅。看，這幾多背負著風雨在靜守的寺院啊，是多麼莊嚴，多麼靜美，又傳遞一份自在。

十七日清早，只見樓外、整個寺院全是一片晴空。夏蟬把難以揣測的大地吻醒，悠長的歌聲撫綠了周遭的風景；紅柱間也漸透出光明的希冀。就這樣，我和學姐慢板地向大殿走去上早課。最近這一次次水災、人禍似乎接踵而來，臺灣土地正在忍受著痛苦，我們待會兒又有新鮮的素飯可食。怎能不慶幸？怎能不心懷感恩？我們沿途嘀嘀咕咕地說著，只有期待風雨過後，政府重建的工作絕不延遲。因為，珍惜環保與心保才是最首要的。

早知道會有這麼多學人來聯誼會，因人人心靈深處都渴望有一方淨土；又或許，我們今天有緣齊聚一堂也是一種福報吧！早齋後，開始舉行「翰林學人座談會」。眾生以最虔誠的形貌投入這個儀式，剷除煩惱，剷除外界的風雨、終於來到佛的跟前與大師見面了。這一切豈不是一種超乎尋常的緣分？我的心這樣想著。

繼慈惠法師〈經典與人生〉精闢的演說後，沒想到這時，星雲大師又準時前來如來殿四樓的大會堂。一進場，大家紛紛主動起立，掌聲中，我的眼睛又濕潤了。這裡有嚴肅的時刻，也有幽默的時刻，人生三昧盡在其中。甚至可以說，是歡笑與淚珠混合在一起的。我相信大師說的話，因為，他講得明白，講得有哲理。不錯，佛光山寺不只是消災祈福的寺樓，它實際上已然成為一種至為莊嚴、又是所有佛光人心靈的庇護所在。佛陀紀念館再次為

佛光山在國際上締造出奇蹟，讓人驚嘆它的獨特與美麗。

　　沒錯，這裡是一個親善的大家庭，我們都是佛弟子、都是兄弟姊妹。新建的佛陀紀念館內的禮敬大廳、佛光樓、菩提廣場等等的奇美，令人驚異。但是，大師仍不間斷地在告訴我們：「翰林學人要做官，先學習禪門……山林不需要佛教，社會需要，佛教不該是寺院私有，是社會擁有的……」它默默地在宣導佛的教義，與天地永恆。每次回到這殿堂，常常不自覺地感動。尤其是在不知要往哪裡去？究竟要幹什麼的徬徨之後。因此，佛光人有幸，尤其是身為翰林學人，更應感到一種責任的重大而振作，不要再次讓自己掉入悲傷或苦悶的泥沼中去了。

　　記得星雲大師曾寫過：「禪修，要耐煩。不要做半調子，不要做假禪師。道德可以裝假，說話可以裝假，唯有禪，是假不來的。」我很愚昧，只記得這幾個字，因為它們深深地感動了我。我看見了一種精神的火花、一個禪家的智慧與深情；因為感恩，危機才有了機會，才會有這多采的世界。因為感恩，才使人變得恬靜而柔美。因為追求愛與光明，才能讓自己人生亮起來。

　　這裡，也有許多無私的菩薩或國際義工，終年默默地付出了愛，為清苦與不幸者及時伸出援助的手、給予了無上的安慰。他們用誠摯，用堅信，用恆心來感動受災難的人。這如何叫我不感銘？如何叫我不慚愧？原來一片慈光遍照法界，事事含佛理，處處皆有因緣。我的心也因參會中莫名的感動而微微地顫抖了。

　　和諧的午後，陽光正好暖和，向牆上的雨痕走過。那隻黑貓又在蔥郁的樹林中穿梭，單看著，就是說不出的快樂。而夏蟬聲開始響一回停一回的……就這樣，讓自己的思想遊離於生命之外，暫時擺脫肉體這沉重的枷鎖吧！在這一季，空餘的笑聲低迴，只聞夏風向甜美的小草殷勤問候……

　　午齋過後，公車離站時我心裏的確充滿了留戀。但是山寺之夜，潔淨的塵土，清風雨露，磬的迴動，和廣大視線裡一片蒼鬱的樹林及大師的慈容，這一切驅散了我的離愁。我不禁想把頭伸到公車窗外，去呼吸廣大天幕下的空氣。原來生命是這麼可愛的。我很慶幸，自己又一次離開了狹小的家，迎向風雨後的慈光裡！這一定是我的心靈之燈，它永遠給我指示我應該走的路。在這些學人身上，我學習到了對信仰的堅強守護與對人生信念的勇敢追尋。其實，修行就是從認識自己開始，認識自己的內心深處開始。如果能追尋到內心的一份純淨，將會使自己無限歡愉。

　　今晨，我一睜開眼，發現已在自己的家中了。原來我剛剛失去了一個夢，是啊，走過風雨，又是一片澈然晴空，那不可捉摸的時間已流逝到光陰深處了……

　　再回首，我像綠光裏的羊，把腳步放慢。如今，我已知道人生要有一種執著奮進的精神。雲不曾改變其顏色，我的思念也未見停歇 —— 在山裡與夏蟲一起歌詠的季節。

　　至今還依戀著那個地方和兩位學姐的笑容。我是個平凡又頑固、很努力跟黑暗鬥爭的人，雖然有時也會責怪自己膽小或魯莽的行為；但為了追求充實的生命，這點倒是沒有絲毫改變的。

　　其實，生命的寬度是可以伸展的。每當思念流淌在山寺裡的溫馨時，我的眼前就隱約地現出了大師的叮嚀。人生是不斷的因緣際會。我可以想像，在山間、園內，在寺裡常見到的友情，也必然在國際的佛界綻放出祥和之花！

—— 2012.6.18 作
—— 刊登臺灣《人間福報》副刊〈圖・文〉，
　2012.7.23-24 兩日

6.《髻鬃花》的邂逅

　　盼望著，盼望著，七月來了，直到十二日午后，我步進『人間衛視』棚錄影門口，我仍然可以感受到那興奮的心跳。

　　這是真的嗎？還是幻覺？我原攜帶滿滿的盼望，竟多了一些遲疑。

　　電梯正努力往九樓攀登，我在迷離恍惚中，已來到一扇容納佛光的大門，有兩位師姐端坐著，親切的笑容從裡面溢出來；她立即引領著我，走過一兩個迴廊……當眼光停在八樓牆面，一幅星雲大師的肖像前，我才看清自己跋涉旅途的影子。那一刻，不必再焦急，不必再有不安全感。不多時，執行企劃大偉的適時出現，鼓舞了士氣；他讓美容師簡單的幫我補妝，這是一場多麼來之不易的幸福啊！我感覺到歡，又感覺到寧靜，是啊，這裡，更宜於思想；而讓時間稀落得只剩躲入細縫了。

　　一切都像原幻想的樣子，三點準時，主持人朝方一到，我一下子被那俊逸的儀表所吸引，到處見到的是幕後工作者和悅的微笑。我從內心裡感激這次的相遇，據說，朝方是位客家音樂新秀，穩健的台風與專業的團隊，他們鼓勵了我，終於順利完成錄影『知道』的製作前頁了。

　　我欣欣然回到家裡，夏夜捫心，我自省，坦率地承認：其實我並不瞭解朝方呀，這一年輕、文淨的男孩，甚至連他的名字也沒有聽到過。在我的智力飛躍中，我不禁地按下搜查的網路。啊，

第一曲〈髻鬃花〉〈註〉，讓我內心感到震盪，宛如青煙吐出斜坡，緩緩地把我朝一片田園送去，那裡砌有一老屋，阿婆的銀髻鬃在風中結成朵朵潔白的花，殊增懷舊的佳趣與一股莫名的淡傷。電腦螢幕上的那朵花，一時也迷濛了我的視線，到曲終盡頭，才看到朝方為維護客家語言的傳承與爭取一個文化的生存空間的那份堅持、那份美。

彷彿中，也漸漸明白，朝方選擇了從法律系走向音樂創作與當義工、主持人，是那樣的毅然，不是帶著年少的叛逆不羈，也沒有後悔過。雖然他也曾背負著來自擔任鄭永金縣長父親的質問，但他義無反顧，繼續尋找為故鄉的給予和饋贈。他懷想往昔、追念祖孫間的真情，為愛而謳歌。那皈依靈魂的客家鄉夢，在臺北城市喧囂的日子裡，他恰如一棵淡泊靜謐的柳蔭，而那永無休止的禪心也伸向天空了……

當繁華褪色，人會變得越來越渴望心境歸於平靜吧！而什麼也描繪不出這《髻鬃花》一系列〈老屋、海浪花傳的話、藍衫稻草人、土地之歌…〉令人沉醉的歌！那美妙神奇的、真樸的客家歌聲也斜倚著，如夢如幻似的，把一朵朵髻鬃花送入每個思鄉的遊子心中。那巨大的田園山坡上飾滿的花，也寂靜得像那夏日邊境、眺望明月的清暉……

註：〈髻鬃花〉鄭朝方作曲

在家鄉　開等一蕾白白靚靚介花
（在家鄉　開著一朵朵白色漂亮的花）
一蕾花　看起來就像人擎等一支遮
（一朵花　看起來就像是人撐著一把傘）

打早　在田園山崎　　暗晡頭又轉到涯介屋下
（一大早　在田園山坡　　晚上又回到我的家）
該蕾花　　系阿婆頭林頂介髻鬃花
（那朵花　是阿婆頭上的髻鬃花）
髻鬃花　　唔驚日頭烈烈天公轉風車
（髻鬃花　不怕烈日驕陽　天公吹大風）
哈哈　　毋管到奈位　心肝盡在
（哈哈　不管到哪里　心裏都安穩自在）
心頭暖　　一支遮
（心裏都有溫暖的感覺　一把傘）

　　　　　　　　—— 2012.7.16 作
　　　　　　—— 臺灣《人間福報》副刊，2013.2.19 圖文
　　　　　—— 刊廣東省《清遠日報》2012.8.10 閱讀版

7.學佛之路

　　姑媽是星雲法師的虔誠弟子，名林英，法號明理；跟我這唯一的親姪女是同名同姓。她平日唸經，勤學佛事，在家修行。十八歲那年的我，寄宿在嘉義姑媽家，相依爲命。雖然我出身虔誠信基督的家庭，但與姑媽結緣後，深受其思想薰陶，漸漸地也萌起對參佛的興趣。每逢假日夜晚，我主動與姑媽手挽著手，一起到佛堂聽經誦課。之後，因繼續升學，匆匆地別了老姑媽，一路攻讀到研究所，就投入教研工作，庸庸碌碌地過日子，也就忘了參佛的事。

　　父親過世之際，哀傷又不安的神思，時時交替在我心裡。友人安撫我說：「要不要去聽佛經？」我心動了一下，就說：「是真的嗎？好，妳帶我去。」本來，學佛的心只在於調適心情，可是，當我一打開佛書，竟有久別重逢的感覺，眼淚就撲簌簌地掉下來了。八旬的老禪師曾開示：「執著是苦的開始，要萬緣放下，一心不亂……」他這些話就是有智慧的話，而我在不知不覺間，心也漸漸地平定了。之後，又因返回教學崗位，忙得無暇兼顧上佛堂的課。直到身體每下愈況，遂而離職。剛開始，幾乎天天打針吃藥，像是關在自己的象牙塔裡生活著。每日望著狹窄的天，飄忽的雲，生活得有些憂鬱。

　　自恢復了寫作，又接觸到佛法，一瞬間，我笑了；原來是時候到了。我願意實踐對姑媽的諾言，三十年前播下「佛教」的種

子，如今才開始萌芽。我覺得現在生活得很自在，內心充滿法喜。佛家講「願力，念力！」只要能為人群服務，我的心著實有說不出的高興。我想，因學佛而重獲心靈自由的我，就是這種心情吧！

—— 2012.12.20
—— 刊登臺灣《人間福報》副刊圖‧文 2013.1.1

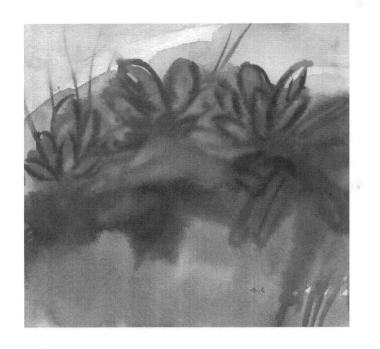

8.〈康乃馨的祝福〉

　　我的母親在我心目中所鑄就的，是個沉靜又保守的農家婦女；一生都奉獻給子女，日復一日，年復一年的，她已度過了七十八個寒暑。

　　從最早的記憶裡，家中環堵蕭然；那時我不到五歲，母親為了改善生計，隻身到西螺鎮上的醫院當幫傭，久久才回莿桐村一次。當時，身患肺癆的父親，經常騎著鐵馬，沿著公路旁，邊騎邊喘地載著我去找媽媽。當我用雙小手緊緊地環抱著爸爸瘦弱的腰身，總會幻想著：只要再等一下，我就可以會到媽媽了。她會從那新奇的大冰箱裡拿出什麼給我吃呢？是冰涼又甜的西瓜嗎…？還是會張開手臂抱向我？突然間，在我幼小的心靈裡，我也感到好孤單寂寞；得見到了媽媽，才有十足的安全感及幸福。

　　母親對我們是嚴格的家教，做錯事時，她會暗自流著淚，用藤條在我們的手心或腳背打上幾下；最是令我們起敬起畏。在我幼小時，雖然跟媽媽有幾年短暫的別離；但是，等到父親病情好轉，恢復擔任代書的工作；母親也就回到家中，重溫了親情。雖然每天還是種菜耕田、勤於家事與農務；但她的堅強正是我學習的好榜樣。

　　國小畢業，我獨自遠離家鄉，半工半讀地完成法學研究所的學業，就全力投入教學及研究工作。直到數年前辭去教職後，如今已能為自己想做的寫作而再度忙碌，使我原本貧乏的人生又豐

富了起來。每當夜深人靜，不由得想起了貧困的童年；在除夕前一天，我都會守著母親，看她瞇起眼睛，坐在小竹椅上，剪著竹葉片，全心享受做鹹菜脯粿、紅龜粿的快樂神情。那時，一個粿裡面，只有一些兒餡料，那就是不得了的年節美食！有一回，我實在忍不住流口水，就趁機溜進廚房，伸手抓個剛做好的紅龜粿，三兩口就塞到嘴裡了。回憶起這一段往事，形成我年輕歲月中最甘甜的一頁；也讓我體會到，世上最幸福的，是擁有母親之愛。我完全知覺到每一口帶給我的特異感動，在我生命的纖維上留下了微妙的清香，也觸動著我去作種種的聯想。回憶裡的親情，永遠是那麼溫馨！

如今，時光不停的疾駛，回頭望去，我結婚迄今也近三十年；自己對小孩似乎要求接受我嚴格的教育比受呵護的日子多得多。但她們倆確實是窩心的好孩子，每次給我的生日卡片，盡是滿滿的祝福；讓我的心也感到無比的安慰。反思自己，有時，真是個不講理的「牛」媽媽，任性又倔強。但是，最近勤學佛事後，我慢慢懂了；原來保持有愛心的覺知，才是修行的最高境界。

最近的我，的確為很多俗事在忙，也不是沒想過要回娘家看看；但是往往一蹉跎，就是好幾個月過去了，我心裡也覺得很抱歉。偶爾，我會拿起話筒，電話中，媽媽的聲音沒變，卻掩飾不住她的思女之情。曾經也把母親的生日都忘了！我的疏陋及不該，是多麼的罪過呀！

今晚，窗外春風襲來，我的思想也逐漸澄淨；此刻，陪伴我的只有柔和的燈光而已。適巧讀到李白有句名言：「光陰者，百代之過客也；而浮生若夢，為歡幾何？」文中，道出人生之無常、生命之短暫的感慨。上個月，聽弟弟不經意地提起，母親已有高血壓、心臟病及骨刺的舊疾且隱忍了多年；不禁悲從心來，趕緊

撥了電話。但是，放下聽筒後，心底難過、思潮也不斷地翻湧。想起母親的一生克勤克儉，直到她中年以後，家境才擺脫貧窮，讓母親享有好日子。此刻，我最大的心願，就是讓母親健康平安地享受晚年的幸福，讓我得以善盡孝道，以報答母親的劬勞；並親口在母親節當天再向她輕說一句：「母親，我愛您……。」

　　── 2013.4.15 作於左營
　　── 獲得 2013 年中國文藝協會暨江蘇省淮安市淮
　　　　陰區人民政府主辦，第二屆 "漂母杯" 海峽兩
　　　　岸母愛主題散文作品大賽第三名。

文藝評論

1.由歐風到鄉愁

—— 賀慕群繪畫中現代美初探

摘要：賀慕群〈1924-〉係著名的華裔女藝術家，她一生熱心堅韌、悲憫情長，作品中所表現的真摯形色與簡潔夢幻光影，深受「後印象派」的影響，純屬歐洲的繪畫氣質，但隱有一種傷感的「畫外之情」。或者說，源自於本身顛沛流離、孤身奮鬥的經歷，才是造就她心中不斷出現「藝術鄉愁」的主因。本文從畫作鑑賞的過程，以印證她在藝術界的崇高性。

關鍵詞：賀慕群，藝術家，表現主義，浪漫

賀慕群：具象寫實的藝術家

賀慕群〈1924-〉係著名的華裔女藝術家，原籍浙江寧波大戶人家，因抗戰爆發、家人旋即避難，出生於上海。曾短期生活於臺灣、巴西等地，1965 年遠赴巴黎。1970 年，法國文化部專門分配給賀慕群一間小畫室兼住處，在那裡，她一邊工作一邊繪畫；疾病時，她沒有躲避，而是繼續作畫，這樣孤獨而不知疲倦地過了 37 年。其作品《玩偶系列》獲法國婦女沙龍展大獎，並被巴黎國立圖書館、法國文化部、上海等美術館、臺灣山藝術基金會及大型機構所珍藏。2003 年後，返回中國舉辦 80 歲巡迴回顧展及

多次畫展，倍受尊崇，目前定居於上海。

賀慕群的繪畫作品無論是銅版畫、水彩、素描、速寫、油畫等，其紋理、結構都帶有時間賦景的特殊氣氛和韻律的美感。她的畫並非超現實的寫實或表現藝術的幻境，而是接近理想主義的樸真；擅用表現主義式的流動筆觸、黑影輪廓〈silhouette〉人物、以及頗具象徵的明淨色彩，藉以傳達出：浪漫是她的精神表徵，寫實是繪畫的手段，借景傳達延伸的生命感才是她的目的，喚引出可以與心中理想呼應的情感世界。她一生熱心堅韌、悲憫情長，作品中所表現的真摯形色與簡潔夢幻光影，深受「後印象主義」的影響，純屬歐洲的繪畫氣質，但隱有一種傷感的「畫外之情」。或者說，源自於本身顛沛流離、孤身奮鬥的經歷，才是造就她心中不斷出現「藝術鄉愁」的主因。

過去種種展析的層面，多集中於賀慕群畫風的表現力度，而忽略潛匿在她內在心境的特質，其實是擁有對自然與社會有某種矛盾的情懷：即具像寫實的描繪外，帶有抽象的疏離效果；追求簡單的物影氣氛中，卻又建構出孤空而自由的距離感。其所產生畫外的世界，也具有「沉靜和淨化的向上力量」；幾乎可以說，能捕捉到她對周遭環境的關懷與卓忍，才能體會出畫中的世界感人的地方。

畫作淺析

賀慕群作品執著於定近點取景，常選擇質樸的物象做為景緻的表現手法，如蔬果、花卉、勞動者、婦女、屋景、鄉村等題材〈subject-matter〉，其所表現的圖像語言以及她日後奉行不已對「簡樸」的實踐是十分契合的。在這裡，引介幾幅賀慕群的作品，

我們不得不爲那豐富的繪畫肌理而驚嘆。她是怎樣地將自然轉化爲超自然的心靈圖象？其多文化元素的藝術情操及高度表現，恐怕不是單單可用某種風格技巧或異國色彩足以完成的。就以她在1972年「買麵包」的銅版畫爲例：

　　這幅「買麵包」成就之處，不在於色彩的律動法則，而是由畫中迸出的視覺感受；迴異於其他畫家的抒情意味或知性冷峻，有的只是以自己的眼光看真實人生中爲生活拮据時的光譜，而賦予一種純粹美學與悲憫貧窮的感受。秉實以論，這種時空意識的本質是心理品質，賀慕群畫中現代美感的源頭，正是這份可貴的情操。不惟如此，在繪畫形式上，其人文的心靈亦與時空情識緊密相連，畫裡並非僅存「有生命力的」，而是具備了時空內涵的雙重意

義。比如她在1971年所畫的油畫「無題」，能深切感動於這三位勞動者內在生命的博動，而對底層人民的同情心，也是畫裡藝術情感的價值所在：

　　賀慕群畫裡的素樸與單純厚實風格，先天上並非完全「自發」的。因爲其本質是代表她對社會人群的人文情感，所以

放筆充滿雄渾的量感與活躍的生命力，構圖大膽粗獷的氣勢就足以震懾觀者。比如 1985 年這幅布面油畫「搬蘋果」，具有特殊的造形格調：

　　這張畫有別於時下的藝術創作者，賀慕群十分傳神地將搬運工對生命的執著認真加以聯想，而滿地剛摘下的蘋果在自然樸實的地土上，巧妙地、均衡地與人物相融合，沒有裝腔作勢，反而有一種莊嚴美的氣勢。賀慕群早期作品取材自平凡的日常生活，這幅在 1969 年畫下的「人物」，以室內空間為背景，記載現實生活中模特兒的超寫實油畫，也宣告了現代繪畫的成熟：

　　賀慕群曾說：「我一不應酬交際，二不包裝炒作，靠自己的實力在畫壇立足。」或者可以說，憑著這股志氣，不難理解她創作裡的精神素質有三大特色。其一、有虛靜的心境，其二、對藝術的熱忱和虔誠，其三、孜孜不息與不平凡的「藝術意志」〈dase

kunstwollen〉。在異國他鄉孤寂的日子裡，她常一臉素淨，就著幾根麵包充饑於畫室；面對外界的驚異眼光時，也只是笑著說：「我把心思都用在畫上，我用自己畫的畫取悅觀眾。」這樣的大氣，也是她對歷史使命感的象徵。另一幅也是在 1969 年作的「裸女」，在近乎單色的背景中，畫中樸素地延續著女子沉思托腮的空間表現，

筆調淳厚抒情，存在著比現實的感覺更簡
約深刻的體會。

　　接著，這幅在 1998 年油畫之作「鄉村
一角」，只是單純以視覺組合與構圖在反映
自然生活，流露出怡人心性的逸氣：

　　畫裡背景從寫實到抽象再從抽象到寫
實，筆風樸直，這可以說是賀慕群創作之
時所持的根本原則，如同書家「用筆在心，

心正則筆正」。賀慕
群流暢明晰的技巧
下，具有雕刻般的
切割輪廓，似乎讓
我們聯想起歸園田
居的陶淵明。它架
構出一個恬淡於榮
利貧窮，並充滿和

諧的青翠與綠意。而這份恬淡的閒情，比起在 1964 年蠟筆水彩之
作「風景」，畫面典雅抒情、物體簡化的二度空間，更有以往未曾

有過的美感經驗，是屬於她質樸而雋永
的生命內涵的一部份。由此足見，她的
風景有詩的意境；又或許，這是受到田
園詩歌的影響所致。

　　賀慕群在 2000 年以後的作品中，尤
以《花木系列》備受矚目。如這幅在 2000
年所畫的油畫，燦豔的色彩是愛與力的
表現：

　　畫裡的背景雖沒有延伸至遠處，空間也不是根據透視的規則；然而，盆樹的挺立，頑強地實現了自己心理的意圖，有明顯的色彩結構。賀慕群曾說，畫什麼不重要，重要的是表現出藝術家的思想和感受，我畫我熟悉的、每天都能看到的東西，它只是我思想的載體。換言之，她將繪畫意義當成首要的關注點，且遠勝於對美學表現的重視。正因為她的畫有一種令人靜定的現代美，這也是其藝術創作上要的推動力量。比如 1994 年之作「大紅蘋果」，靜物只是擺在桌面，默默引起有心人注目，這也是賀慕群畫作的重要特色：

　　誠然，這些水果線條明朗、深富表情，看來既莊重又甜美。在《靜物系列》裡，她結合具象性的主題和深暗結實的顏色，將畫中的素材、質地厚重的特質，有效地運用到具像畫的創作中。就藝術血緣而言，此系列作品與法國印象主義較為接近，在創作中著重於柔和的視覺結構上的表現，但也添加了一些風格迥異的趣味。在我眼中，賀慕群的繪畫筆法極瀟灑敏銳，畫面洋溢的熱情均有其不變的「人性內涵」，那就是將寧靜傳達到觀者的內心深處，並從觀者的眼中引出色彩的結構。而晚期之作也標誌著她先前創作努力之結果，與她藝術生涯上的成就相吻合。

賀慕群：沉淨在光中的一顆燦星

　　德國美學家李普斯〈Theodor Lipps 1851-1914〉認為，審美欣賞是一種客觀化的自我欣賞。做為一個有自主性的藝術家，賀慕

群意識到自己可以很自由地在生活的任何角落中找到繪畫之題材，畫境開闊豪放，筆觸寬廣、粗實有力，使人感到極富生活氣息。從上述的畫作賞析後，可發現，賀慕群藝術精神著重於在心靈中開闢一更大的有情世界，以此直面人生與社會。

　　二○○二年，她結束了在巴黎等地的漫長旅居生涯，終於返回了思念的祖國，定居於上海。晚年深居簡出，也曾嘗試用墨和油彩混合畫在宣紙上，作品仍蒼勁有力，功底堅實，奔放的線條別有一番味道。縱觀賀慕群的一生，她是位才藝超群的繪畫巨匠，畢生都奉獻於藝術，而其堅韌儒雅的長者風範、熱心捐獻與美術活動，已為畫壇所敬仰。她借畫人生，影射現實。寫景意趣盎然，人物形象稚拙，卻存有強勁生命感；能脫除西洋畫派形式之摹擬，作出了極有價值的革新。畫裡雖沒有浪漫的輕愁，但心理刻劃獨到，反映了生活本質的一面，能運出自我情感之性靈。在中國，在整個世界藝壇上占有不可抹煞的地位。對賀慕群來說，過去的日子，縱然是一場艱苦的奮鬥，她可以獨立應付孤獨和挑戰；然而，其藝術之旅，終將成為研究關注的焦點。她的光芒，猶如沉淨在光中的一顆燦星，其無悔的一生，具有甚高的價值性與審美藝術，實是一致。僅藉此向這位卓然有成的藝術家致上敬意。

── 2012.2.22 作
── 刊山東省蘇東坡詩書畫院主辦《超然詩書畫》，總第 4 期，2012.12
── 刊台灣高雄市《新文壇》季刊，第 30 期，2013.01 春季號

2.彭正雄：《歷代賢母事略》

　　《歷代賢母事略》的編纂，爲臺灣文史哲出版社負責人彭正雄〈注〉於 1991 年 10 月初版的作品，參閱許多相關文獻的基礎上所寫成，是爲考證中國歷代賢母生平行誼之重要參考資料。其所著錄人物，賢母之選擇取捨，則多從史料上出發，具有時代跨度長之優，上起數千年前帝王或賢哲〈含唐虞時代、夏、商、周、秦、漢、三國、晉、南北朝、隋、唐、五代、宋、元、明朝〉，下迄清朝入民國的名士。收錄人物數量之多，共計 212 人；所包含形式，則有記、述、傳、略、事、叙等諸種文體；文字紀錄中，提及母教的內容，則各具參孜價值，留下的史獻也十分豐富，是迄今爲止臺灣該領域的拓荒之作。

　　根據彭正雄大量地方誌文獻所得，這類帶有傳奇色彩的賢母故事，其真確性有多大，也許不得而知。但書中收錄了賢母的許多精微警闢之論，確是舉世無雙的；她們多爲通曉大義之人且克盡婦職。本書的宗旨在於彰顯母教是儒家文化非常重視的部份，也可以說，賢母的重責大任，尤其在啓蒙、督誡、訓勉等課子之事上，其子女的行爲模式無形中也會延續母親教育的影子。自古以來，忠與孝本是相輔相成，對母親盡孝，自然而然地，也會對君主盡忠。身爲一朝之官或學人，應關愛其子民，並竭盡所能善待百姓。中國有多少爲國捐軀或誓死不易志的人物，皆是由賢母教養而成的典型代表。

　　而本書對歷史的貢獻有以下幾個方面：

　　首先，中國是個歷史悠遠、史學傳統發達的古國。在歷史的航程中，所產生並流傳至今的賢母事略撰著，是中華民族鑒古知今的文化資源。這些史料雖是由歷史人物及歷史事件的記述而構成，其間所產生的故事，自然不是歷代官方組織編纂的「正史」所能窮盡。但是，本書所研究的人物，是我所見到的中國人對於賢母事略的最好記錄。相對於「正史」中所記載人物列傳，以及其他文獻中包含的歷代賢母人物；本書的編纂，史料價值頗高，是對於歷代史傳以外賢母傳記史料的大規模輯集成果。

　　其次，歷代賢母之名，來源甚早，除了屢見於史籍，漸成為人物傳記之專名外，常多引用人物別傳或史料詳贍。本書不僅為研究中國歷史提供了寶貴的史料，而且其編輯宗旨，對於啟迪智慧與教育性，也有一定的參考價值。彭正雄畢生致力於出版與研讀典籍，欲以史家之筆，溶冶個人親自整理評述歷代賢母事略，發為著述，以垂久遠，從而豐富了自我的生命。

　　再次，鑒於時代愈近則史料流存較多，但如這一系列史料不僅把中國歷代最具代表性的賢母文獻薈萃於書，而且以易讀性的文字冠以各賢母事略，並附注解記於篇後，數載辛苦，終於寫成，彙集上百篇傳記於一書，讓四方讀者，便於閱讀與汲取學養。在歷史上，這些賢母均佔有相當重要的地位，她們之中，有的不僅能炊織養育，有的精通文藝、有的是文史才女或國母，有的是知情達禮、通大義者，她們多為不謀私利，嚴於律己，寬厚待人之女子。本書介紹中國史上絕無僅有的二百十二位賢母，她們在每一個不同的時空中，充分發揮了賢母的智慧，並以身教言教，作出了極具影響力的言行，教化賢君或名士。而作者持以求古探史的熱忱，博覽女史群書，並從歷代賢母豐采的寫照中，經認真遴

選編排，前後花費多年時間，將中國史上出類拔萃的女性作一整理，撮要介紹其事略，期使讀者進一步瞭解歷代賢母的故事和貢獻。

　　最後，本書對於的總體價值與歷史意義作出說明。第一、總體說來，編纂規模大的特點。所載人物，既有歷代名人如王公貴族、達官顯宦、忠臣義士、文人學子等。各種傳記的賢母事略，均經認真考訂而著錄。第二、賢母事略，有的故事動輒攸關一國命脈之興衰；她們在教育上，爲培養一國的棟樑默默貢獻了畢生的心血。作者善用生動描述，深入淺出地講解，寫得引人入勝而能牢牢地印入讀者的腦海之中，目不暇接，大擴胸襟，收到極好的教育效果。第三、最重要的是，透過這些賢母循循善誘，誨人不倦的實踐證明，而成爲後人學習的典範。特別是文辭優美，寓意深長，也達到了文學思考的啓發性。

註：彭正雄，臺灣新竹市人，周歲就遷居臺北，今年 74 歲。在學生書局任職十多年後，自營文史哲出版社逾 40 年來，以做「古籍整理的代言人」爲己任。現爲中華民國圖書出版事業協會常務理事、中國詩歌藝術學會常務理事、中華民國新詩學會常務理事、中國文藝協會理事、臺北市中庸實踐學會理事長。

　　　　── 2012.10.09
　　　　── 刊登廣東　廣州《信息時報》，2012.11.25C3 版

3.評吳鈞的《魯迅詩歌翻譯傳播研究》

摘要：吳鈞是魯迅詩歌翻譯傳播研究的開創者。魯迅詩歌英譯由於在世界傳播語言中占有獨特地位，被研究者普遍認為是有待進一步開掘的富礦。隨吳鈞論述的藝術探究，有益於拓寬魯迅詩歌英譯研究的視野以及對詩學的認識。

關鍵詞：魯迅，詩歌，英譯，藝術，吳鈞

魯迅〈1881-1936〉詩歌英譯由於在世界傳播語言中占有獨特地位，被研究者普遍認為是有待進一步開掘的富礦。印象中的吳鈞教授，文才橫溢；而這本《魯迅詩歌翻譯傳播研究》，章節中的翻譯理論探討與英譯的藝術研究，使人印象鮮明。書裡涵蓋魯迅詩歌英譯的許多優點，也借由傳譯到國際上，提供了海外譯者許多借鑒與思考。本書譯詩包括魯迅全部的詩作 66 題 81 首，包括了魯迅的格律詩、新體詩及民歌體詩，是國內第一本魯迅詩歌全英譯本。

一、魯迅詩歌英譯的表現價值

魯迅一生共創作了 81 首詩歌，包括舊體詩約 68 首，現代詩約 13 首。他的詩歌內容大多涉及中國現代史上重要時事與滄桑變化的反映，他以自己的幽默諷刺和針泛時弊等創作方法，將真理

與詩藝統一在一起，激情謳歌出充滿新奇的比喻與想像，不平凡的人生與青春，真誠的愛情與友情。吳鈞將魯迅作品中的詩歌創作分為早期〈1900-1912〉即南京求學至辛亥革命前後，中期〈1918-1926〉即"五四"前夕至"五四"退潮期，後期〈1928-1935〉，即大革命失敗至30年代國民黨抗戰時期。縱觀魯迅的全部詩作，可以看出，抒發民族豪情與對親友的懷思是其重要主題。他以「揭露社會黑暗」為中心，構築著自己的人文主義理想願景；其充沛的感情，也彰顯出時代和個人的獻身精神為其特徵。

儘管魯迅詩歌表現價值取向廣為學界推崇與研究已久，然而，魯迅詩歌全英譯，目前國際間並沒有全面完整地分析過。吳鈞是魯迅詩歌全譯的開啓者，除了精益求精地英譯魯迅詩歌，也在續推的修訂本中針對為詩歌翻譯再確證，且將魯迅詩歌翻譯進行了韻律的再推敲和優化。因為魯迅詩歌大多是舊體詩並且是押韻的，而此前的幾個魯迅詩歌英譯本不僅譯詩數量不足，而且還存在著研究分析與學理性不足的缺失。基於此，吳鈞將英譯的問題探討以正確理解魯迅詩歌的真義為至關的重要性，並對英美著名學者及中國學者的譯文中，作一比較。最後，她提出可信的論點，只有依民族習慣的表達及反復推敲至傳神易懂，才能將魯迅詩歌譯出原詩的神韻和精彩，因而引起學界的注目。

二、魯迅詩歌翻譯理論的探究

魯迅晚期作品是詩歌創作的高峰期，基調是反映對時代的艱難與黨政間鬥爭的悲憤。所以，在精神上與憂思是一致的。在《魯迅詩歌翻譯傳播研究》一書中，吳鈞將魯迅詩歌英譯價值取向概

括爲獨特的風骨美、真摯的情感美、高雅的文采美等三方面逐一分析後，她認同，魯迅詩歌創作的來源於生活的論述。因爲，魯迅曾說：「詩人者，攖人心者也」[1]，又說，「詩人感物，發爲歌吟，吟已感漓，其事隨訖」[2]，由此，可體會魯迅對詩歌要求的心靈表現及審美感悟是早已萌生的事實。

　　吳鈞探究魯迅詩歌英譯，比較研究國內外學者翻譯的優點及缺失，從新的「譯即易」的翻譯觀點出發，提出以「譯即易」詩歌翻譯理論的創見，她將魯迅詩歌翻譯理論與中國「易經」的精神相通性作一考究。探究魯迅《摩羅詩力說》的"不易"的詩學思想，強調詩產生於詩人的心靈又打動讀者心靈的觀點，評價魯迅的新詩創作對中國 20 世紀的新詩發展實具有精神啓蒙的現實意義。

三、吳鈞：魯迅詩歌英譯研究的開拓者

　　吳鈞在她書裡，從魯迅詩歌的創作本體的角度出發，來要求自己英譯魯迅詩歌首要的標準就是神似。她透過魯迅詩歌英譯的不同版本，就形美與句似作一比較，指出只有恰當地把握住詩歌的風格與格式整齊的美感，才能達到傳神翻譯的預期效果。她還就詩歌的音美與韻似上，將魯迅詩歌英譯成音韻和諧，對偶連貫的技巧在翻譯中進行借鑒和運用，期將魯迅精彩詩歌在世界範圍內廣爲傳播的借鑒，這種具有打動人心的審美感染力，更是作爲汲取對魯迅詩歌英譯有益的經驗。

　　接著，吳鈞又從十九世紀末英國著名的漢學家及傳教士理雅

1　魯迅：《魯迅全集》第一卷，北京人民文學出版社，2005 年版，頁 70。
2　魯迅：《魯迅全集》第九卷，北京人民文學出版社，2005 年版，頁 353。

各〈1815-1897〉的《易經》英譯與傳播中探究魯迅詩歌翻譯和傳播的可資借鑒的經驗，這是具有啓迪作用的；她還對德國傳教士兼漢學家的衛禮賢的譯介中國典籍的翻譯傳播汲取了借鑒。最後，匯總魯迅的文學創作中存有大量的文化典故或民間俚語，用心推敲出最貼近魯迅的心靈表現中的那份特殊的「領會感動」。在她的英譯魯迅詩歌中，我們看到了，魯迅對文藝的心靈表現性質，也彷彿看到了他滿懷抑鬱憂憤的心情。特別是通過一系列詩歌英譯，表現出的更廣闊、更深刻的翻譯傳播研究內容。總的說，此書在魯迅詩歌英譯論界應會影響深重；而吳鈞的才華智慧，也因而產生有益的成果。可以相信，魯迅重視精神的涵養和豐富的思想內容是最值得稱道的；其詩歌語言藝術也像他筆下的人物一樣，是有其不可言傳的神韻的。

　　而吳鈞對詩歌的英語翻譯及其研究更可以將魯迅詩歌所表現的深刻內涵向世界廣爲傳播。

—— 2012.12.19 作
—— 刊上海魯迅紀念館《上海魯迅研究》，
2013 年夏季號。

4.夜讀沈鵬詩

　　沈鵬，江蘇省江陰市人，係近代中國重要的書法家、美術評論家兼詩人。主要代表著作有《當代書法精品集・沈鵬卷》、《故宮博物院藏畫》等三十餘種。曾獲聯合國 Academy 世界和平藝術權威獎等殊榮，列入多種名人傳記與辭書。

　　今年元月十五日，筆者有幸在參與二〇一三年的「海峽兩岸作家藝術家水墨丹青大展」活動中，收到沈鵬贈與《三餘再吟》，不僅書名獨特，詩詞也別具一格。

　　詩人以情為帆，透過精湛法書，進行對詩藝的精心探索；細讀其中的一篇〈重上阿里山〉，不禁被詩人對台灣熱烈的情懷所感動。詩人選用了抱韻形式，以旅行中快速變幻的窗景來襯托嚮往阿里山的壯美與樸真，更增詩意。

　　　盤旋九千九，曲折走龍蛇。
　　　雲自身前過，山從霧裡賒。
　　　目窮通五岳，日落入無涯。
　　　樸野多真味，重嚐阿里茶。

詩的造型與雕塑

　　詩的本質雖在於抒情，但它總離不開形象思維的範疇。沈鵬從小就在古典詩詞中吸取豐富的詞匯，又總似法國浪漫派雕刻家

羅丹的沉思者，習慣將詩作當一件造型藝術品去雕塑，折射出自己的心靈之光。　如這首在二○○二年十月寫下〈太湖包山寺題聯〉，其新穎的視角，就給人一種禪味的意象美：

禪寺包山山包寺

太湖浴佛佛浴湖

蘇州包山寺，爲唐肅宗李亨所賜名。因西山四面爲水所包，俗稱包山；又名「顯慶禪寺」，聞名天下。沈鵬在鳥語泉聲中，如一棵伐不倒的青松，讓靈魂走出山寺，達到與自然一種完美的契合。而最被書詩界稱讚的是寫於二○○四年的〈夜讀〉，借夜讀友人贈書傾吐面對世事炎涼和創作的甘苦；透過哲理式諷刺，委婉針砭現實：

好友遺我書，助我度歲除。／往事塵封隔，閉目不自驅。／一言重九鼎，陰晴謦咳殊。

／萬馬齊躍進，向隅千里駒。／人情異冷暖，飲水便如魚。／得意忘江海，失意沫相濡。／席上多佳餚，歲朝遠庖廚。

據考究，此詩最後一句背景，源自孟子《梁惠王上》：「無傷也，是乃仁術也，見牛未見羊也。君子之於禽獸也，見其生，不忍見其死；聞其聲，不忍食其肉。是以君子遠庖廚也。」這裡頭，透露出詩人極其反感訛言我詐的隱祕心理。

時至晚年，四處遊訪各國後，二○○五年夏，沈鵬寫下了這首〈上海黃浦江夜遊〉，以幽默揭示生命的真諦，以愛去戰勝孤獨：

十里洋場夜未央，樓船來往織梭忙。

驕陽消息尋何處？散入吳淞七彩光。

黃浦江，位於上海市，被稱爲「上海的母親河」。沿岸的上

海外灘，淘盡古今多少風流人物的夢。昔日戰場吳淞，如今以是上海市集裝箱運輸的重要作業區。沈鵬對歷史的傷痕與現實生活的無奈，體現在寫旅遊的詩文中。在二○○六年六月寫下〈岳麓山愛晚亭〉，詩人不僅愛女兒，愛其夫人的素雅端莊，還有一顆童心：

> 瀟湘靈氣此雲山，古木清雅香草妍。
> 我與樊川共車馬，何須霜葉盛時看？

　　岳麓山位於湖南長沙市的湘江西岸，緊鄰古城長沙，自古以來便是文人墨客必遊之地，亦是中國四大名亭之一：記得唐代杜牧有句詩「停車坐愛楓林晚，霜葉紅於二月花」，而沈鵬的旅遊勝地「愛晚亭」，與杜牧才情聯到一塊兒，詩思與杜牧齊駕奔騰雲山去了。

　　在沈鵬許多優美動人的旅遊詩中，〈泰山〉應是他最爲膾炙人口的一篇，詩句氣象深厚而博大，不僅是心清如水的藝術風格，更表達了超邁雄奇的個性和意志，以及詩人對「閒淡清雅」美學的追求：

> 博大不讓土，崇高不求同。
> 不以群山小，群山仰一宗。

不做空頭文學家

　　才情橫溢的沈鵬，特別是晚年，當他懷想起泰山的雄姿，未嘗不思念。閒居也絕非與世隔離，不與外界人事相接；而是寄詩語意古樸莊重，並專以韻勝。

　　沈鵬詩詞也強調音樂美和抒情性，如這首在二○○九年三月寫下的〈寒山寺題壁〉，他從歷史的高度，來讚美寒山寺：

　　鐘聲迴盪夜遲遲，過往客船江月思。

　　閱盡古今無限事，寒山化育一身詩。

　　自來評家能道得人心中事者少爾，沈鵬的詩重在妙悟。大意是，世道艱辛，詩人以詩題壁，反映了他想以唐朝詩人張繼的《楓橋夜泊》的詩為楷模；言志乃沈鵬的本意，他佇立江畔，歌詠江蘇城西外美景，借物寓情，眼處心生句自神。而夜半鐘聲迴盪，詩人情懷如不繫之舟，呈現出撲朔迷離的幻象之美。

　　二〇一一年四月八日寫下的〈悼周海嬰〉，是追悼其老友周海嬰 —— 魯迅和許廣平的獨子：

　　滿座群英君席賒，何期背影走天涯！

　　迅翁一語終身誓：「不做空頭文學家」。

　　儘管內心籠罩悲傷、沉重，魯迅生前重誓「不做空頭文學家」，或許也正是沈鵬一生所追求的藝術實踐，從而他為中國書詩的發展，注入了新的活力，其晚年之作也就獲得國際上更大的矚目了。

—— 2013.1.17 作

—— 刊登臺灣《人間福報》副刊，2013.1.29

2013.1.15 沈鵬於高雄贈字「自強不息」勉勵作者

夜讀沈鵬詩

2013.1.29 人民日報

詩的造型與雕塑

圖/林明理提供

2013.1.15沈鵬外高雄贈魄字「自強不息」給作者

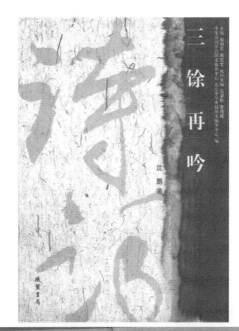

5.試論夏順蔭的水墨畫風

　　禾火，原名夏順蔭〈1934-〉，湖北襄陽人，武漢大學文學院歷史系畢業，武漢市第十四中學高級語文退休教師，現爲中國洞庭書畫院院士、北京華夏國粹文化研究院院士、當代硬筆書法家協會常務理事等職。精於詩文、書畫、篆刻。著有《禾火詩文書畫印選集〈一〉、〈二〉》兩冊、長篇小說《茜草》、《禾火散文集》、《當代書畫家禾火作品選》等六本專著。禾火自幼天資聰敏，在1952 年秋，考入武漢大學；畢業時，因被錯劃爲右派，此後 13年間身心飽受摧殘。然而，在坎坷的道路上，她無畏風風雨雨，從未停止過探尋書藝與文學的腳步。尤爲可貴的是，她有「襄陽才女」之稱，詩、詞、書、畫、篆刻都達一定水平外；始終堅守高尚的道德情操，在絕境中仍不失勇於追求藝術人生的意志。2008年，她赴日本參加了「首屆・中日文化藝術交流展」。2009 年，又赴西歐參加「第九屆・中歐文化藝術交流展」。2011 年，再赴俄羅斯參加「首屆・中俄文化藝術交流展」，作品均頗獲好評。

　　昨夜，窗外一場細雨，剛好想起了這位遠方的友人 ─ 夏順蔭。我沒有忘記，就是在 2013 年正月十五日「海峽兩岸作家藝術家水墨丹青大展」的會場上；在第一次的際遇中我就看出來，甚至當藝術內在的真誠性在她臉上發光的時候，她一直保持著逾於常人的氣宇。單靠著她遠從武漢市寄來的三本著作，我多知道了一些事情，至少對我已經發生影響；我們似能彼此深切地瞭解，

在這個世態隔膜的大都會裡我感到了寂寞。我以爲，她那和藹又清瘦的面顏，早已歷經了數十年的長歲月；然而，越多的磨難更成就了她的勵志苦學。因此，本文嘗試對夏氏的書畫提出一些觀察與整理，或許對瞭解其畫風表現有所助益的同時，亦能對其中國水墨畫根植傳統與文學的視域，有進一步的啓示。

　　由於家傳關係，禾火得以精研書法，飽讀詩詞光華，此爲其畫風滋養來源的重要契機之一。觀察禾火的繪畫，可說是除了筆墨的技巧之外，非得有詩詞書香的傳統文人素養不爲功。她在求學階段即厚值傳統的學養，而後，教書期間落筆詩文或小說，斐然成章。然而在她的書法的揮灑上，偏好自由放逸的風格。比如這幅書法〈附一〉，風神俊朗的筆法中，透出一種「清剛」的特質。再如這幅「變化氣質　陶冶性靈」〈附二〉，她以舒展自如的墨筆與竹畫搭配的高雅氣息，真可謂將夏氏筆法做了淋漓盡致的表現與發展。接著，這幅〈附三〉贈給其母校武漢大學建校一百一十周年校慶的書畫中，雲端下一隻展翅之鷹停歇於蒼松之上，亦能得秀潤挺健之趣。

　　夏順蔭書畫的功夫，著重在精神意境的靈悟；這與她一向厭惡世道的不正之風及崇尚遠離不快的靜謐與享受有關。筆者有幸觀賞其書寫時，筆勢清雅奇逸而無矯飾之氣；她已將物象概念化、典型化的提鍊後，創造出特別的視覺語言的符號，而使其生命與心靈得以和諧，進而淨化人心。晚年的她，仍以一隻墨筆，用誠摯、用堅信，用恒心來感動人們；也給自己的面影增加光彩。誠然，無論是人生的美或愛的力量，大多是從激勵中出來的。所以從其奮鬥的過程裡，我窺見了禾火人生的光明面；她爲愛、爲書藝人生而創造。因而，由奮鬥而嘗到生之歡愉。她在創作裡得到了生命力的延伸，也發現了不滅的希望，這的確是武漢市一朵不

朽的奇葩。

── 2013.2.9　除夕作於高雄
── 刊山東省《超然》詩刊，總第 19 期，2013.06

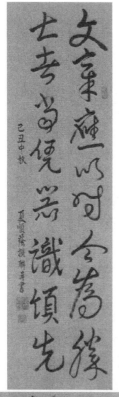

附一

附三

附二

6.畫牛大家

── 讀魯光《近墨者黑》

摘要：<u>魯光</u>〈1937-〉，原名徐世成，浙江永康人，1960 年畢業於華東師範大學中文系。現爲知名作家、書畫家，已出版文學作品十餘部。《中國姑娘》、《中國男子漢》獲全國優秀報告文學獎，《世紀之戰》獲全國長篇紀實文學獎。師從李苦禪、崔子範大師，作品先後在中國美術館、中國畫研究院、澳門、日、台等地展出。其畫風真樸簡約，尤擅長繪牛，既寫意又諧趣；在中國畫史上已成一種獨立藝術，值得探索。

關建字：魯光，中國書法，書畫家，國畫

一、勇者的畫像

　　魯光出生在浙江省永康一個叫公婆岩山下的小村裡，自幼家境清貧，其父是秤師傅，性純善；其母則嚴厲而堅韌，這在魯光身上均留下相似的血性。他是在這老屋出世的，並度過了自己艱難與純真的童年和少年時代。然而正是那生長著松樹林和綠竹的地土，或一片片紅楓至田野裡的紫紅草花……，無形中，也培育了魯光對古樸的家鄉的深情厚意；而生活的窘迫與磨難很早就鍛鍊了他堅忍的意志和踏實、細膩而敏銳的性格。直到他考入上海

外國語學院讀俄文專業，再轉入華東師範大學讀中文系畢業，擔任記者與國家體委時，開始發表多篇散文及報告文學於報刊物。無疑地，魯光和他那激情澎湃的文思，正是從原鄉這裡萌生的。

　　魯光，這筆名是有典故的；原始的思想是希望效仿魯迅勇闖光明的精神。他也希望有一天，能成為山東人的驕傲。1979 年，當魯光結識了國畫大師李苦禪先生，及 1985 年結識花鳥畫大師崔子範先生後，才正式拜師學藝。1989 年，出任中華全國體育總會常委，他後來發表的紀實文學《世紀之戰》，榮獲全國長篇紀實文學獎，正是魯光在這一時期的記錄他昂揚的愛國主義思想感情的創作寫照。在這一段時間裡，魯光也受聘於中國新聞學院、上海體育學院等校客座教授；而水墨作品也陸續在國際上參展，露出崢嶸。1998 年，繼而在蘇州大學擔任兼職教授。2000 年，他的名畫《紅燭》被毛主席紀念堂收藏。2002 年，由日本國邀請展出作品六幅，也獲得了特別優秀獎。2011 年，屢獲文藝獎座外，並受聘於書畫界名譽院長，及當選為中國作家協會名譽委員；11 月間，出版的《近墨者黑》，共收錄魯光撰寫的六十位當代書畫名家的散文隨筆，並配有書畫家贈品。另一本《印象魯光》則是收錄師友寫魯光的五十餘篇文稿和魯光文稿二十餘篇。晚年，魯光則在作品上集中地表達了對祖國、對家鄉的無限熱愛，和作為國家書畫家之林的幸福與自豪；仍存有探索著藝術殿堂前進的鮮明足跡。

二、詩畫的審美體驗

　　相傳，方岩與公婆岩是浙江省兩座相連的山峰，魯光自四十多歲起，開始沉醉丹青。在西元 2000 那年，由北京返回老家築一山居，每年京城、山居兩頭住。據說，他家門前有棵古樟，常引

來奇鳥棲居；無論是附近殘破的祠堂、水車，或是屋裡的魚簍、
土釣竿、石磨、斗笠、磨台……都能間接激發他的創作熱情。他
曾寫了唯一的一首七律〈五峰山居〉，刻在畫室中的十根粗竹片
上，詩曰：

> 自驚花甲鄉思濃，卜築公山近五峰。
> 野泊清溪喧巨壑，奇峰怪石伴孤踪。
> 修竹滴翠逶迤碧，大木復甦錦繡重。
> 百鳥齊鳴邀好友，群賢浩唱拂蒼穹。

嚴格說來，魯光古詩並不多見，只有到了晚年移居家鄉後才
能縱情高歌。同他以往的寫法不同，此作畫面之真實、情感之熱
烈，也是他本人過去作品中獨見的。只有經過了世事幻變的年代，
詩人才能那樣深邃的洞察力的真摯的情懷。如果說魯光是借助於
大自然之光來表達他的新理想的話，而書畫中的童貞和人情味，
是那些物慾味濃的詩無法與之相比的。他在山居中，與書畫界的
師友們朝夕相處，把畫引向了對自己的生命體驗。《近墨者黑》書
前，詳實地記錄了魯光與其師傅李若禪與崔子範先生的結識與書
中的齊白石大師等墨寶的收藏淵源，各有特徵。從中不難看出，
相近的藝術家往往有相近的風格出現。

代復一代，魯光拜師薰陶後，已自成一家風範，令中國海內
外書畫界的眼光不能不為之丕變；而自此也改變了人生道路。其
畫作《吾友吾師》，以牛為題材已有相當熟練的技巧；而題字「甘
為孺子牛」，也為魯光書畫藝術的獨立樹立了第一個標誌。書中，
在他筆下的大師身影，如李可染、王朝聞、吳冠中、盧光照、周
思聰、方濟眾、賴少其、湯文選、高莽、劉勃舒、范曾、韓美林、
韓鳴時等數十位人物的紀實，莫不栩栩如生。

其中，由華君武特別偏愛的魯光作品《老屋》，也正是筆者第

一次遇上魯光於高雄書畫交流宴會上時，特別由他翻閱此書給我看到的，全幅清淡而豐富，自然印象深刻。魯光用細勁有力的線條，生動的描繪了老屋的滄桑，昏燈裡溫柔的貓與桌前的瓶中紅花相映成趣。而其畫龍點睛之處卻在對屋外那頭翹首盼歸的牛的細緻描寫，具有古拙而鮮明的特點。其思鄉之情與溫厚而淳樸的「屬牛」氣質，也都表達無遺；旁白的墨字，深秀而簡勁，實已臻卓越之境。

　　另一幅被周韶華所讚譽的《生命》系列的《紅燭》作品，是以激情燃燒的心志，一筆不苟；紅燭用色濃重而鮮豔，豪放而幽奇，而且整幅塗滿。他復興了沉寂已久的魯迅的風神，在光影中，魯光的筆下的心靈是極度簡淨透明的白色世界。而「紅燭」的喻意是代表魯光在五峰山居下創作的靈魂，仿若重生的音符，願繼續為廣大的群眾提供了精神食糧與書藝服務的心聲。其畫中嚮往光明的意志如一座巨大的里程碑，造成了使人仰望的神聖感；也深深地烙印在每位中國勞動者的心上。實可謂魯光最偉大的典型代表作。

　　書的最後，我注意到，由中國人民大會堂收藏的魯光畫作《五牛圖》。所畫的五牛有各種不同的姿態。無論是步者、顧而舐者、奔躍縱跳者、立而鳴者、望而凝者，看似一家人；均筆力勁健，極為生動。圖中畫的活潑小牛，跟 2013 年元月十五夜，魯光於高雄市所贈筆者的書中所繪的，似乎有神似之處。他這種關心和描繪農村牛和農家生活的傾向，無疑也開啟了中國畫界寫意主義的新方向。

三、魯光：以生命作畫的牧牛者

　　魯光書畫的終極理想，是對「真樸與諧趣共融」的美學追求。他擔任過國家體委政治部秘書處處長、《中國體育報》社長兼總編輯，人民體育出版社社長、黨委書記等職。退休後，又在文藝界擔任中國作家協會全國委員會名譽委員、中國報告文學學會副會長、中國畫學創會理事，蘇州大學和內蒙古大學等兼職教授。

　　他的人生哲言有四句：「生活隨意，追求永遠，淡泊名利，生死不計。」魯光一生最愛觀察牛、畫牛成癖。書中收錄的其他畫幅中，包括《荷塘深處》、《水仙》、《天堂》、《晚秋之韻》等山居、鄉情之作，迫使我們不得不讚佩之。事實上，魯光的悲苦童年反而造就了他深刻的理解自然，再觀察自然生物百態，並師承名家，取其藝術之精華，進而自我創造出畫牛的傳奇故事。只有這樣才能具有高度的感染性之作，才算是所繪極為精到吧。

　　由上而知，他是以生命作畫的牧牛者。其畫作特點，以牛或自然花卉為主，線條灑脫，氣勢滂礡，神韻自然。他的畫牛與田家景物，也開啟了寫意派的門戶。同時，在他一種精力充沛、坦率又孤獨的眼神中；我深信，未來的他，繼續耕耘於繪畫與各種藝術之中，定為中國歷史畫家之林，是必然的。

　　　　── 2013.1.19 作

　　　　── 刊登山東省《超然詩刊》，第 19 期，2013.06

地點：2013.01.15 於高雄市「海峽兩岸作家
藝術家水墨丹青大展」活動

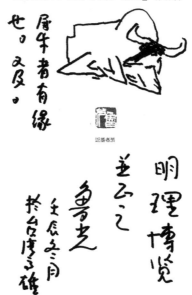

魯光贈書題畫與作者

7.夜讀斯聲的詩

　　集古體詩及書畫寫作於一身的斯聲〈蔡世新〉先生，對詩書藝術的摯愛已逾四十多年；但他癡情難棄，仍孜孜不息地創作出新篇。這位出生於浙江縉雲縣南鄉山區小章村一個亦農亦醫家庭的才子，自幼喜習字，好繪畫；自 1990 年溫州教育學院退休後，他從教壇步入藝術之宮，現爲錢江畫院畫師。先後出版過《雲軒詞苑詩藪》《東甌擷芳》《史河遺鴻》《藝圃群芳‧雲軒詩書畫影集》《文杏瑣潭》《中國古典文學作品精講》等多種。新著《雲軒詩詞曲聯選粹》，是作者的自選集，共收入詩、詞、曲、聯作品 927 篇，題材廣泛；其中，有許多關於家鄉風情和旅遊回憶的詩詞。這是由於詩人生活閱歷豐富，有過人的睿智；且對古老的傳統文化及歷史有著深摯之情。因而，能以其多彩的筆觸爲我們打開了一個繽紛的詩藝世界。

　　2012 年中秋夜，筆者有幸參與「兩岸三地中秋詩會」活動中，在高雄市與斯聲先生等詩人同桌吃飯，而後輾轉收到寄贈來的新書；不僅讀到了描繪各地風光的精彩詩詞，而且也欣賞了插圖於前的生動的書畫作品。《雲軒詩詞曲聯選粹》的最大特色是由於斯聲有深厚的書畫藝術功底和長期寫古體詩詞的創作經驗，因而，詩裡常有許多優美的畫境，給人以視覺上的美感，節奏感也強，頌讀起來韻味十足，又給人以聽覺上美的享受。

　　比如詩人在 1986 年參加全國第三屆中國近代文學研討會

後，曾作「桂林之遊」，並於 1994 年寫下了這首〈桂巒秋光〉，當是此遊之留痕：

> 曙色空濛染丹霞，叢木泛赭披晚陽；
> 柳港彎彎走舟楫，茅荻離離曲水長；
> 中天日照林邊屋，桂山處處閃韶光。

值得注意的是，斯聲不是爲寫景而寫景，而是以情注入其中；從而多側面地展示內心世界的情愫和對桂山的感覺。不僅充分展現了他崇高美好的內心世界和對詩藝追求的真摯情感，而且也把畫面一步步向前展開。詩人在語言上的精益求精，並善於體現應有的意象營造；也常保持著童心，用赤子之心看待世界。因而，詩詞自有長久新鮮的創造力。比如，他在 1991 年寫的〈秋泛太湖〉，正是詩人的奇特想像創造出了富有生命力的語言：

> 寒雨連江別姑蘇，泛舟震澤穿荻蘆。
> 雪浪滾滾翻日月，銀麟閃閃逗漁夫。
> 湖山尚留四皓跡，洞庭縹渺勝仙都。
> 水接藍天山入雲，山前有山湖裡湖。

誠然，一首好的舊體詩並不以雕章琢句爲己任，而是以真情去創造佳境，呈現嶄新的面貌。在這裡，斯聲運用一組組的意象構成一個渾然一體的意境；從而把自然力加以形象化；讓太湖更增添了沉思性的抒情特色。此外，我特別喜歡上斯聲的幾句銘言，比如：「五岳擋不住北來的寒流，高牆關不住滿園春色。」這可看作他「終極關懷」的人文思想的體現吧。又如這句：「學問，是苦藤上的花，其根苦，其果甜。」雖說是詩人由生活中感悟出來的，但實際上則是一則則哲思性很強的文字，對詩文界有莫大的啓發。接著，這句「氣度高而不狂，心思細而不瑣，操守嚴而不激，情趣濃而不俗。」更顯示出，詩人一生閃爍著藝術個性的光彩。

　　正如美學家宗白華所言：『意境是「情」與「景」〈意象〉的結晶品。』〈註〉斯聲先生對於美的意象亦有真摯的追求。他的許多詩都能通過豐富的想像創造出動人的意境。我特別喜歡閱讀他對臺灣的旅遊詩二十二首，一氣讀完，倍感親切。尤其是這首〈臺東太魯閣大峽谷〉，就有獨特韻味兒。這是去年中秋來台後所寫下的：

　　　　燕口蜂穴灰石壁，洞連九曲隧溝群；

　　　　亂雲疊疊峰腰繞，造化育生大理紋。

　　斯聲對太魯閣大自然中無比壯麗的景象，開掘了奔騰向上的詩情。再如這首〈阿里山烏龍茶〉，也對阿里山做了宏觀上的掃描和微觀上的探析，讓香茗別有一番審美情趣在，讀起來，真是叫人樂而望憂了：

　　　　迴歸線上茶園盛，盡顯精靈部族馨。

　　　　春日明波光瀲灩，秋嵐繞嬌態娉婷；

　　　　鳥鳴姑嫂採茶景，園設玻璃泡茶亭；

　　　　茶景茶香交織妙，茶湯益壽享高齡。

　　最後，詩人不僅以如花之筆寫下了這首〈日月潭一瞥〉，那風景自然是綺麗如畫，可說是達到了形象性與哲理性的有機融合，寫得親切細膩：

　　　　山岳湖，落鳥樞。拉魯嶼界，全潭划西東、

　　　　日輪月弧。日月潭，名勝都。看「杵音之煞」，

　　　　還當賞螢季，「八部音」愉。湖區盆地繁花聚，

　　　　多陶醉此處遊人必選珠。日月永不枯！

　　詩裡的形象性主要體現在對日月潭的意象營造方面，而哲理性則體現在對那些邵族杵音的頌讚外，帶有禪道韻味的語言與深深的祝禱，也正是詩人心靈博動的折射。這種悄悄回憶中的靜默，

讓斯聲先生的身影恰如湖山高秋的一棵老松，既發人深思，又令人動容……。

註：《藝境》，第152頁，北京大學出版社。

—— 2013.2.3 作
—— 刊登高雄市《新文壇》季刊，第 32 期，
2013 年秋季號

附　錄

夢想作筆 妙筆生花
—— 初讀明理老師的詩

◎葉繼宗教授

　　明理老師是一個極富個性的人，因而她的詩也有獨自特色，她夢想作筆，妙筆生花，詩情畫意兩齊美。讀明理老師的詩一個感覺，就是她的詩不是一下就能讀懂，而要過細品味，因爲她詩中體現了很濃的意境美。意境美就是詩人創作中刻意追求的審美理想境界。「意」是詩人表現的真情實感，它包括情與理兩個層面，「境」指社會環境和自然景物。「意境」就是主觀感情的抒發和事理的展示與客觀景物和環境的描繪有機連成一體，形成天人合一，虛實相間的美妙狀態，通俗稱之爲詩情畫意，扣動讀者心弦。凡是美妙的詩都蘊含優美的意境。一首詩意境的有或無、深或淺、優或劣，是衡量它的藝術的真實性、思想性和完美性的一把尺規。在我國古代詩學上明確提出「意境」說的是唐朝詩人兼詩論家王昌齡，他在《詩格》中把詩分爲「三境」，即山水田園詩所表現的「物境」，抒情詩所表現的「情境」及把「物境」與「情境」熔爲一爐的「意境」。

　　明理老師寫的《送別》就是一例。「送別」這一題材古今多少詩人都寫過「人生自古傷離別」。明理老師在《送別》中將自己的感情與感悟，同客觀的景物，相互輝映，相互融合，形成主客觀和諧統一的有機體。以詩人的情感作為內在的底蘊，而把景物作為情感外在表現形式。「一行雁／落在山的盡頭／西天卻羞澀的／背著我。一庭殘月／幾絲清光／回照鄉愁／隔著遙夜的呼吸／等待露濕草綠。僧廬的一隅／虔誠地／讓生命纖維的絮語／與空氣合十。」夕陽時雁群歸宿山的盡頭，門庭只灑下了殘月的幾絲清光，詩人描繪了送別的景。西天不忍目睹這種離別。背著不忍看，形象道出了離別的憂愁。只有僧人在室內一隅，雙手合十，口裏念念有詞，虔誠地為友人祝福。全詩既描繪了敘別的景，記述了傷別的情，更寫出了僧人關愛之情，「與空氣合十」這是僧人特定的動作，表達了人間至愛真情。「送別」中有可視的景，又有可感的情，寓情於景，借景生情，形成情景的交融美。她的「送別」之所以寫的動人，除了她近年篤信佛學有關外，再就是對中國古典詩詞的學習與繼承分不開。

　　詩人的筆下寫了「丁香花開」、「夏荷」、「寒梅」、「水蓮」、「山茶」女性詩人常詠之物，還有「愛的禮讚」、「愛的實現」、「三輪車夫」……她的詩旨趣鮮明、崇高、情繫千家萬戶的喜怒哀樂、有人生哲理、有愛國愛民的赤子情懷和憂患意識。旨趣就是詩魂，是詩具有藝術魅力、震撼力和穿透力的法寶。筆者認為明理老師詩的旨趣主要體現她有一顆佛的慈悲心腸，這是她的詩最使我感動之處。《瓶中信》就是這類詩的代表。把信放入封好的瓶中，然後投入水中托水波傳送自己的希望。這是古老傳媒行為。詩人用《瓶中信》托物立意，表現海峽兩岸的心聲與願望。「緊抱僅有的一線希望／寄託波浪她傳遞的使命／支撐著夢想。」道出了實現

夢想的執著，接著寫出實現夢想的艱難，將瓶擬人化的描繪，「風霜的臉佈滿了驟雨／強忍著痛。／一座冰山擋在她的胸口／請求通航。」最後一句「請求通航」一語雙意，既是瓶中信對冰山的斥責，又有現實中人民的心聲，全詩的第三節點明旨趣，「只為一個不變的諾言／像一個月亮」，月亮將她溫柔的光灑向海峽兩岸，民族骨肉團聚，是千古不變的諾言。這種旨趣在詩中不是呆頭呆腦木雞式的說教，而是給人以品嘗的意味和生動活潑的感人形象，它也不是赤裸裸的直白，而是給人一種可觀可感的視覺形象。

　　明理老師是一個勤奮、愛學習、勇於探索創新的詩人，她博采百花釀新蜜，她的詩不僅繼承了中國古典詩詞優良傳統，還吸收了西方現代派詩歌的某些表現手法，捕捉瞬間的感受，潛意識的微妙表達，以及通感的運用、奇幻的聯想、含蓄等構成了詩的朦朧美的風格，也是人們對她的詩要細細品味，用心品味的原因。我認為她的詩，體現出詩人在用「民族唱法」融匯「美聲唱法」唱歌，寫出了神意飛馳、心蕩神湧、文采洋溢，境界高妙的詩行。

　　以上拉雜談了這些，不知是否唱走了調，踏錯了舞步，還請眾家斧正，更要請明理批評。我最後還要說的是，也就是我最敬佩明理老師之處：「勤奮」、「執著」，這也是我們每一個人最應具備的精神。今日，明理敲開了文學夢想之門，但夢想的路還在延續，願與文學結緣的明理老師一路行走，一路歌。

　　　　　　　　—— 2009 年 6 月 26 日於孝感學院
　　　　　　　　—— 摘自臺灣《葡萄園》詩刊第 183 期，
　　　　　　　　2009.秋季刊

葉繼宗簡介：孝感學院文學與傳播學院教授，湖北省外國文學學會常務理事，孝感市文藝理論家協會主席。主要從事《世界文學》、《比較文學》教學與研究。出版學術專著、主編高校外國文學教材共計 8 部。

Author 詩人作家林明理作品目錄記錄

〈2007-2013.5〉

●中國學術期刊

1.南京《南京師範大學文學院學報》，2009 年 12 月 30 日出版、總第 56 期，詩評非馬，頁 24-30。

2.《安徽師範大學學報》人文社會科學版，第 38 卷第 2 期，總第 169 期，2010 年 3 月，詩評鍾鼎文，頁 168-170。

3.江蘇省《鹽城師範學院學報》人文社會科學版，第 31 卷，總第 127 期，2011.01 期，詩評吳開晉，頁 65-68。

3-1.《鹽城師範學院學報》，第 32 卷，總第 138 期，2012 年第 6 期，詩評魯迅，頁 44-48。

4.福建省《莆田學院學報》，第 17 卷，第 6 期，總第 71 期，2010.12，書評黃淑貞，頁〈封三〉。

4-1.《莆田學院學報》，第 19 卷第 1 期，總第 78 期，2012 年 1 月，書評星雲大師，頁〈封三〉。

5.湖北省武漢市華中師範大學文學院主辦《世界文學評論》〈集刊〉／《外國文學研究》〈AHCI 期刊〉榮譽出品，2011 年 05 月，第一輯〈總第 11 輯〉，頁 76-78。詩評狄金森。

5-1 華中師範大學主辦《世界文學評論》〈集刊〉／《外國文學研究》，2013 年 06 月，第一輯，詩評費特。

6.山東省《青島大學學院學報》，第 28 卷，第 2 期，2011 年 6 月，詩評北島，頁 122-124。

7.廣西大學文學院主辦《閱讀與寫作》，總第 322 期，2009.07，書評辛牧，頁 5-6。

7-1.《閱讀與寫作》，總第 328 期，2010.01，詩評非馬，頁 8-9。

7-2.《閱讀與寫作》，總第 346 期，2011.07，詩評錦連，頁 31-32。

8.西南大學中國新詩研究所主辦《中外詩歌研究》，2009 年第 2 期，詩評非馬，頁 11-13。

8-1.《中外詩歌研究》，2010 年第 3 期，詩評辛牧，頁 21-22。

8-2.《中外詩歌研究》，2011 年第 3 期，書評楊濤，頁 18-19。

8-3.《中外詩歌研究》，2012 年第 01 期，詩評艾青，頁 17-24。

9.江蘇省社會科學院主辦《世界華文文學論壇》，2009 年第 4 期，總第 69 期，詩評商禽，頁 60-61。

9-1.《世界華文文學論壇》，2010 年第 3 期，總第 72 期，書評鞏華，頁 45-46。

9-2.《世界華文文學論壇》，2011 年第 2 期，總第 75 期，詩評鄭愁予，頁 49-51。

9-3.《世界華文文學論壇》，2012 年第 4 期，總第 81 期，詩評蘇紹連，頁 18-20。

10.上海市魯迅紀念館編《上海魯迅研究》，2011 夏，上海社會科學院出版社，書評吳鈞，頁 244-250。

11.河南省《商丘師範學院學報》，第 28 卷，2012 年第 1 期，總第 205 期，書評丁旭輝，頁 22-23。

11-1 河南省《商丘師範學院學報》，2013 年第 1 期，詩評周夢蝶，

頁 24-27。

12.寧夏省《寧夏師範學院學報》，2012.第 02 期，第 33 卷，總第
　　160 期，詩評愛倫・坡。

13.全國核心期刊山東省《時代文學》，2009 年第 2 期，總第 149
　　期，封面刊登特別推薦林明理新詩 19 首，頁 63-65。

13-1.《時代文學》，2009 年第 6 期，總第 157 期封面刊登特別推
　　薦散文 1 篇〈含作品小輯，詩評非馬、辛牧、商禽、大荒〉，
　　頁 23-31。

13-2.《時代文學》，2009 年第 12 期，總第 169 期，封面刊登評
　　論林明理詩評辛鬱、牛漢、商禽，頁 33-38。

●臺灣「國家圖書館」期刊

1.《國家圖書館館訊》特載，2009 年 11 月，發表書評王璞 1 篇，
　　頁 7-9。

2.《全國新書資訊月刊》2010 年 3 月起至 2013 年 3 月，共發表詩
　　評及書評共 25 篇。資料存藏於國家圖書館「期刊文獻資訊
　　網」。

　　http://readopac1.ncl.edu.tw/nclserialFront/search/search_result.j
　　sp?la=ch&relate=XXX&dtdId=000040&search_index=all&sear
　　ch_value=%E6%9E%97%E6%98%8E%E7%90%86%24&searc
　　h_mode=

第 135 期書評丁文智，第 136 期詩評楊允達，138 期書評顧敏館
長，140 期詩評張默，142 期書評陳滿銘，143 期書評魯蛟，144
期詩評商禽，146 期詩評周夢蝶，147 期詩評鄭愁予，148 期詩評
非馬，149 期書評隱地，150 期詩評鍾鼎文，151 期書評高準，152

期報導文史哲出版社彭正雄，153 期詩評簡政珍，155 期詩評郭
楓，156 期書評蔡登山，158 期報導文津出版社邱鎮京，159 期書
評麥穗，160 期詩評楊牧，161 期詩評王潤華，162 期書評胡爾泰，
164 期書評歐德嘉，165 期詩評林亨泰，171 期書評綠蒂。

●臺灣學刊物

1.佛光大學文學院中國歷史學會《史學集刊》，第 42 集，2010
　　年 10 月，發表書評〈概觀吳鈞《魯迅翻譯文學研究》有感〉，
　　頁 231-240。
2.佛光大學文學院中國歷史學會《史學集刊》，第 43 集，2011
　　年 12 月，發表書評蔡輝振教授，頁 181-189。
3.真理大學臺灣文學資料館發行《臺灣文學評論》，2011 年 10 月，
　　第 11 卷第 4 期，書評莫渝。2012 年第 12 卷第 1 期書評張德
　　本、李若鶯 2 篇。2012 年第二期書評吳德亮及詩 1 首。2012
　　年第三期，刊登詩 3 首，林明理畫作 1 幅。2012 年第四期，
　　2012 年 10 月，刊登評論西川滿，頁 76-82。
4.真理大學人文學院台灣文學系彙編，第 16 屆台灣文學牛津獎暨
　　《趙天儀文學學術研討會》論文集，2012 年 11 月 24 日收錄
　　詩評趙天儀詩評 1 篇，頁 258-266。

●中國詩文刊物暨報紙

1.北京中國人民大學主辦《當代文萃》，2010.04，發表詩 2 首。
2.山東省作協主辦《新世紀文學選刊》，2009 年 08 期、2009 年
　　11 期、2009 增刊，2010 年 01 期、03 期、2011 增刊，共發

表詩歌 28 首及詩評張默、周夢蝶、丁文智，共 3 篇。

3.河北省作家協會主辦《詩選刊》，2008 年 9 月、2009 年 7 月、2010 年 4 月，共發表 6 首詩及詩評綠蒂 1 篇。

4.新疆省優秀期刊《綠風》詩刊，2009 年第 3 期、2010 年第 3 期，共發表新詩 10 首。

5.遼寧省作協主辦《詩潮》詩刊，2009 年 12 月、2010 年 2 月、2011 年 02 期封面底作家來訪臺合照照片之一〈後排〉，共發表詩 4 首及詩評綠蒂 1 篇。

6.香港詩歌協會《圓桌詩刊》，第 26 期，2009 年 9 月，發表詩評余光中 1 篇，新詩 2 首。

6-1.《圓桌詩刊》，第 33 期，2011 年 9 月，詩評楊澤，詩 2 首。

6-2.《圓桌詩刊》，第 38 期，2012 年 12 月，詩評秀實 1 篇。

7.香港《香港文學》月刊，總第 303 期，2010 年 3 月，刊登 9 首詩、畫 1 幅。

8.安徽省文聯主辦《安徽文學》，2010.02，發表新詩 2 首。

9.天津市作家協會主辦《天津文學》，總第 471 期，2010 年 01 期，新詩 6 首，頁 95。

9-1.《天津文學》，總第 483 期，2011 年 01 期，新詩發表 8 首。

10.北京《老年作家》季刊，主管：中國文化〈集團〉有限公司，2009 年第 4 期書評吳開晉 2009.12。

10-1.《老年作家》2011 年第 1 期，總第 17 期，書評耿建華。

10-2.《老年作家》2011 年第 2 期，總第 18 期，封面刊登林明理照片及推薦，封底刊登水彩畫。

10-3.《老年作家》2011 年第 3 期，總第 19 期，詩評吳開晉。

11.大連市《網絡作品》，2010 年第 3 期，發表新詩 4 首。

12 湖北省作協主辦《湖北作家》，2009 年秋季號，總第 32 期，

頁 24-27，發表書評古遠清。

13. 中國巫山縣委宣傳部主辦《巫山》大型雙月刊，總第 7 期，2010 年 2 月發表詩 1 首。2010 年 4 月，總第 9 期刊登水彩畫作 1 幅。

14. 山東省蘇東坡詩書畫院主辦《超然詩書畫》，2009.12 總第 1 期發表詩 3 首畫 6 幅。2010.12 總第 2 期畫 2 幅。2011.12 總第 3 期刊登畫 2 幅評論林莽 1 篇。2012 年總第 4 期刊登畫 4 幅及評論賀慕群 1 篇。山東《超然》詩刊，總第 12 期 2009.12 詩 6 首畫 1 幅、13 期 2010.06 詩 4 首、15 期 2011.06 詩 2 首、17 期 2012.06 詩 2 首詩評莫云一篇。

15. 中國《黃河詩報》，2009 年 3 期，總第 5 期，發表詩 3 首。

16. 山東省《魯西詩人》，2009 年.5 月，發表新詩 4 首。

17. 福建省福州《台港文學選刊》，2008 年 9 月，發表詩 5 首，2009 發表詩歌。

18. 重慶《中國微型詩萃》第二卷，香港天馬出版，2008 年 11 月，及重慶《中國微型詩》共發表 25 首詩。

19. 北京市朝陽區文化館《芳草地》季刊，2012 年第 2 期，總第 48 期，刊登書評非馬，頁 50-57，刊物封面內頁刊登林明理畫作 1 幅。

20. 遼寧省作協主辦《中國詩人》，2011 年第 5 卷，刊登詩評白長鴻。

21. 福建福州市文聯主辦《海峽詩人》，第 2 期，2012.09，刊登詩 3 首，頁 30。

22. 重慶市《世界詩人》季刊（混語版），總第 64 期，2011 年冬季號，詩評許其正，頁 53，封面內頁刊登作者照片一張。

22-1. 《世界詩人》季刊（混語版），2012 年 11 月，總第 68 期，

詩評米蘭・里赫特，中英譯文，頁 50-53。

23.安徽省文學藝術界聯合會主辦，《詩歌月刊》，總第 136 期，2012 年 03 月，刊登詩 4 首。

24.香港《橄欖葉》詩報，2011 年 6 月第 1 期，刊登詩 1 首。2012 年 6 月第 3 期，刊登詩 1 首。2012 年 12 月第 4 期，刊登新詩 2 首。

25.廣東廣州《信息時報》2012.11.25C3 版刊登彭正雄：《歷代賢母事略》書評 1 篇。

26.廣東省《清遠日報》，2012.08.10 閱讀版，刊登散文一篇。

27.重慶市文史研究館《重慶藝苑》，2011 冬季號，刊登詩作 2 首。

28.廣東省《清遠日報》，2012.07.02，刊登書評古遠清。

29.武漢市第一大報《長江日報》，2009 年 11 月 20 日，刊登新詩 1 首。

30.河北省《新詩大觀》，第 54 期至 56 期，共刊登詩作 11 首。

31.安徽省《大別山詩刊》，主管單位：六安市委宣傳部，2012 年總第 23 期，頁 72-73，刊登得獎詩歌 1 首，收錄「霍山黃芽」杯全國原創詩歌大賽專刊，頁 72-73。

32.遼寧省盤錦市詩詞學會《盤錦詩詞》季刊，2009 年伍・陸期，刊新詩 2 首。2010 年伍・陸期，刊新詩 2 首。2011 年壹・貳期，刊詩 1 首。

33.黃中模等著，《兩岸詩星共月圓》，主辦：重慶師範大學，中國文聯出版社出版，收錄林明理詩評綠蒂、雪飛二篇。

34.遼寧《凌雲詩刊》，總第 9 期，2010 年第 3 期，新詩 3 首。

35.遼寧省《瑞州文學》2012.11 創刊號，刊登詩 2 首。

●臺灣詩文刊物報紙暨作品收錄

1. 《創世紀》詩雜誌，自第 160 期至第 174 期，2013 年春季止，共發表詩 17 首，詩評 21 篇。160 期詩評須文蔚、周夢蝶、大荒、魯蛟、非馬、辛牧。161 期評洛夫、愚溪、方明。163 期評楊允達，164 期評丁雄泉。165 期評商禽。166 期評楊柏林。167 期評碧果。168 期評連水淼。169 期評許水富。170 期評汪啓疆。171 期，評潘郁琦。172 期評方秀雲。173 期評紀弦，174 期評朵思。

2. 《文訊雜誌》，第 291 期，2010 年 1 月詩評鍾鼎文。293 期，2010 年 3 月詩評張默。297 期詩評愚溪。302 期，2010 年 12 月書評張騰蛟。311 期 2011 年 9 月書評雨弦。316 期 2012 年 2 月書評莫渝，330 期 2013 年 04 月書評尹玲，共發表詩評 7 篇。

3. 《笠》詩刊，2008 起，自第 263 期至 294 期 2013.04 止，共發表詩 51 首、散文 3 篇及詩評 15 篇。271 期評陳坤崙，272 期評莫渝，273 期評陳千武，274 期評曾貴海，277 期評薛柏谷，280 期評江自得，282 期評鄭烱明，284 期評莫渝，286 期評黃騰輝，288 期評林豐明，289 期評岩上，290 期評杜國清，291 期評陳坤崙，293 期評非馬，294 期評吳俊賢。

4. 《文學臺灣》雜誌，自第 72 期至 85 期，2013 春季號止，共發表詩 10 首。

5. 《人間福報》副刊，2008 年至 2013 年 4 月止，共刊登新詩 66 首、散文小品等 40 篇，林明理繪畫作品 23 幅。

6. 《乾坤》詩刊，自 2010 年至 2013 年夏季號，第 50 至 66 期，

共發表新詩 41 首、古詩 4 首及詩評 12 篇。第 52 期評尹玲，53 期評辛鬱，54 期評向陽，56 期評徐世澤，57 期評羣華，58 期評辛牧，59 期錦連，60 期評李瑞騰，61 期評藍雲，62 期莫云，63 期評藍雲，64 期評楊宗翰。

7. 《秋水》詩刊，自 2008 年至 2013 年 01 月止，第 137 期至 156 期，共發表詩 22 首及詩評 6 篇。147 期評張堃。148 期評綠蒂，150 期評屠岸，151 期評林錫嘉，153 期評向明，156 期評綠蒂。

8. 《海星》詩刊，自 2011 年 12 月至 2013 年 3 月冬季號第 7 期止，共發表詩 16 首，詩評 6 篇。第 2 期評喬林。3 期評鄭愁予。4 期評白萩。5 期評余光中。第 6 期書評羅智成，詩刊封面刊登林明理繪圖一幅。第 7 期詩評白靈。

9. 臺南《鹽分地帶文學》雙月刊，第 37 期，2011 年 12 月，刊登詩 1 首。2013 年 04 月刊登詩 1 首。

10. 《新原人》季刊，2010 夏季號，發表詩 2 首。2011 冬季號，第 76 期，頁 214-220 詩評米蘭 1 篇。2012 秋季號第 79 期，書評伊利特凡・圖奇 1 篇。

11. 中國文藝協會《文學人》季刊，自 2010 年至 2011 年，共發表詩 7 首及評論 2 篇。

2009 年 08 月，總第 19 期畫評蔡友。2010 年 12 月詩評辛牧。

12. 《新地文學》季刊，第 18 期，2011.年 12 月，刊登詩 2 首。2012 年 12 月，第 22 期刊登詩 2 首。

13. 高雄市《新文壇》季刊，自第 13 期至 2013 年 4 月，共發表詩 27 首，詩畫評論共 11 篇。第 18 期評星雲大師，19 期封面畫作 1 幅，評瘂弦。20 期評謝明洲。21 期評吳鈞，22 期評林莽，24 期評蔡友，25 期書評馮馮，26 期評傅天虹，27 期評

楊奉琛 28 期評陳義海，30 期畫評賀慕群。

14.高雄市《大海洋》詩雜誌，第 85 期，2012.07 刊登林明理詩〈吳
　　鈞英譯〉4 首、書評周世輔一篇。

14-1.《大海洋》詩雜誌，第 86 期，2012.12 刊登林明理詩〈吳鈞
　　英譯〉4 首、詩評愛倫・坡一篇。

14-2.《大海洋》詩雜誌，第 87 期，2013.05 刊登詩 1 首，評
　　論傑克・斐外一篇及獲新詩獎資料。

15.臺北市保安宮主辦，《大道季刊》，2011 年 1 月，發表古蹟旅
　　遊論述。

16.高雄《臺灣時報》，2011.12.16，頁 18，刊登散文 1 篇。

17.《青年日報》副刊刊詩 4 首，2012 年 11 月 17 日刊登詩 1 首。2012
　　年 12 月 16 日刊詩 1 首。2013.3.9 詩 1 首。2013.4.4 詩 1 首。

18.《葡萄園》詩刊，自第 177 期至 184 期共刊登詩文共 36 篇。

19.臺北《世界論壇報》，第 147 期至 168 期止，刊登新詩 29 首，
　　自傳文 1 篇。

20.臺南《台灣文學館》第 32 號，2011 年 9 月，頁 68，刊登詩會
　　合照。第 36 期，2012 年 09 月「榴紅詩會」詩人全體合照 2
　　張紀念。

21.第 30 屆世界詩人大會編印，World Poetry Anthology 2010。2010
　　世界詩選，2010 年 12 月 1-7 日，臺北，臺灣。刊登中英譯
　　詩 2 首，頁 328-331 及論文 1 篇〈中英對照〉，頁 661-671。

22.乾坤詩選〈2002-2011〉，《烙印的年痕》，林煥彰等編，收錄林
　　明理詩〈末日地窖〉，頁 190-191，2011 年 12 月版。

23.葡萄園五十周年詩選，《半世紀之歌》，收錄〈瓶中信〉詩一首。
　　2012 年 7 月版。

24.《詩人愛情社會學》，莫渝編，收錄林明理詩 1 首，散文一篇。

釀出版，頁 87-90，2011 年 6 月版。

25.《蚱蜢世界》，非馬著，2012 年 7 月秀威出版，版收錄林明理詩評非馬，頁 245-252。

26.《花也不全然開在春季》，丁文智著，爾雅 2009 年 12 月版，收錄林明理詩評丁文智一篇。

27.《雪飛詩歌評論集》，2009 年海峽兩岸中秋詩歌朗誦會暨作品研討會論文，收藏林明理詩評 1 篇，頁 129-140。

●海外詩刊物及報紙

1.美國《poems of the world》季刊，2010 年起至 2012 冬季，發表非馬英譯林明理詩 1 首，吳鈞教授英譯林明理新詩 15 首。2010 春季號刊詩 1 首〈光點〉〈非馬譯〉，2010 夏刊詩 1 首〈夏荷〉，2010 秋刊詩 2 首〈十月秋雨〉〈雨夜〉，2010 冬刊詩 1 首〈流星雨〉，2011 春刊詩 1 首〈曾經〉，2011 夏刊詩 1 首〈所謂永恆〉，2011 秋刊詩 2 首〈想念的季節〉〈霧〉，2011 冬刊詩 1 首〈在那星星上〉，2012 春刊詩 1 首〈四月的夜風〉，2012 夏刊詩 1 首〈在白色的夏季裡〉。2012 秋刊詩〈秋日的港灣〉，2012 冬季刊詩 2 首〈午夜〉，〈流星雨〉。

2.美國報紙《亞特蘭大新聞》，2010 年 2 月起至 2011 年 7 月，共發表 9 篇文學評論及新詩 1 首。2010 年 7.30 詩評林煥彰，2011 年 2 月 25 日詩畫評葉光寒，2011.3.25 詩評涂靜怡，2011.4.22 詩評古月，2011.1.28 報導曾淑賢館長， 2011.1.14 書評非馬，2011.4.15 書評高準，2011.3.4 書評李浩。2011.6.10 詩評鍾順文。

3.美國《新大陸》雙月詩刊，任作者為名譽編委，2009 年第 110 期迄 134 期止，共發表詩 45 首。第 117 期詩評葉維廉、113

期詩評非馬共 2 篇。

4.泰國《中華日報》，2009 年 8 月 11 日，刊登新詩 3 首。

國　家　圖　書　館

NATIONAL CENTRAL LIBRARY

20,Chungshan S. Rd., Taipei Taiwan, R.O.C. 100-01
Tel:(02)2361-9132　Fax:(02)2311-0155

明理女史道鑒：

　　閣下筆耕不綴，或詩作或散文，或詩評或藝評，成章無

數，著作等身，又工水彩、粉彩畫作，或山水或人物，無不

深刻精妙，廣為世人所景仰。承蒙

惠贈手稿畫作，彌足珍貴，隆情高誼，無任銘感，本館自當

妥善珍藏，以保文化傳承並嘉惠讀者欣賞。本館職司國家最

高典藏，任重道遠，各項服務工作，尚祈　閣下不吝時賜教

誨，以匡未逮。謹肅蕪箋，特申謝忱。耑此

　　敬頌

時　　綏

　　　　　　　國家圖書館館長　曾淑賢 　敬啟

　　　　　　　　　　　　　民國 101　年 4 月 30 日

後　記

　　感謝海內外各刊物主編周慧珠、辛牧、封德屏、詹澈、林煥彰、莫云、朱學恕、彭瑞金、林佛兒、李若鶯、楊濤、黃耀寬、涂靜怡、陶然、潘琼來、季宇、秀實、秀珊、曲近、郁蔥、張映勤、Dr.Elma.、李牧翰、李浩、羅繼仁、白長鴻、陳銘華、許月芳、劉大勇、謝明洲、柳笛，及南京師範大學吳錦教授、山東大學吳開晉教授、吳鈞教授、莆田學院彭文宇教授、華中師範大學鄒建軍教授、安徽師範大學王世華教授、鹽城師院郭錫健教授、商丘師範學院高建立教授、重慶師範大學黃中模教授、北京大學謝冕教授、吳思敬教授、古遠清教授、傅天虹教授、王珂教授、莊偉傑教授、譚五昌教授、王立世、林莽等各學報教授，詩友沈鵬、魯光、周明的支持。此外，特別感謝臺灣「國圖」館長曾淑賢博士、佛光大學蔡秉衡教授、成功大學陳昌明教授、高應大丁旭輝教授、臺文館館長李瑞騰教授、副館長張忠進老師等師友的鼓勵。特別向吳英美主編、曾堃賢主任、執行主編歐陽芬、參考組杜立中等致上最深的謝意；也感謝詩友張默、辛鬱、魯蛟、非馬、中國文藝協會王吉隆（綠蒂）理事長、劉國松教授、陳若曦老師、方明、鄭愁予、葉于模、鄭烱明、曾貴海、郭楓、許達然、丁文智、廖俊穆、黃騰輝、莫渝、李昌憲、陳坤崙、藍雲、周伯乃、吳德亮、周玉山博士、楊允達博士、蔡登山、愚溪博士、李宗翰、林文義、藍雲、許其正、喬林、岩上、人間衛視「知道」主持人鄭朝方、徐素霞老師、潘家群老師、洪安峰老師、鄭琇月醫師、沈明福醫師、康健軍醫師、王秀芝等詩友的愛護。最後僅向文史哲出版社發行人彭正雄先生及雅雲為本書所付出的辛勞致意。

林明理於左營 2013.5.20